KB263908

최고의 팀을 만들기 위한 긍정 질문

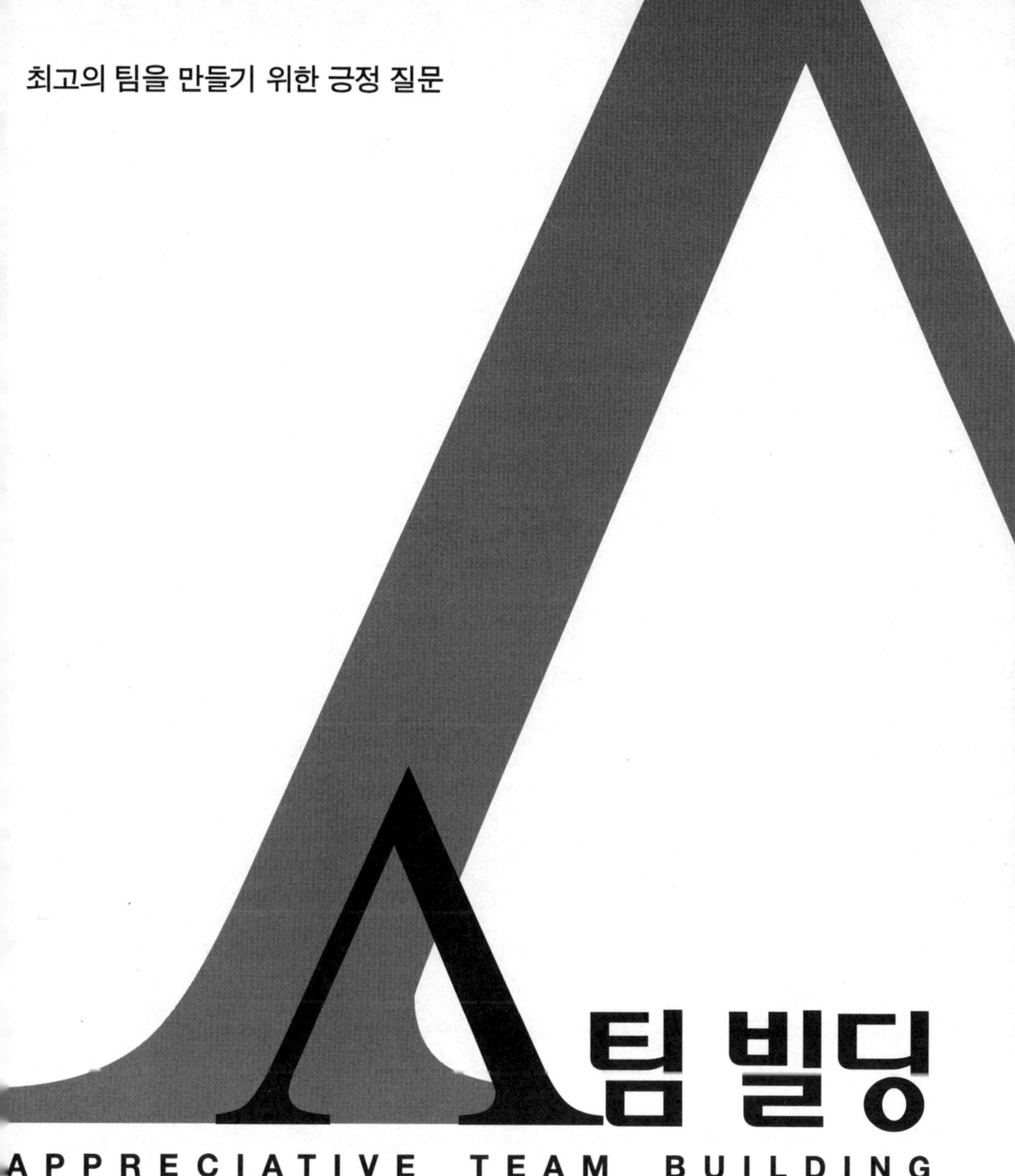

팀 빌딩

APPRECIATIVE TEAM BUILDING

다이아나 휘트니 · 아만다 트로스텐-블룸 · 제이 체르니 · 로날드 프라이 지음
이영석 · 유희재 옮김

ORP PRESS

역자 주

긍정 주제와 긍정 질문은 AI에서 강조하는 "은유의 원칙"을 따르기 위해, 문화적 차이를 고려하여 우리말의 느낌을 살려 번역하였다. 참고를 위해 본문에 우리말 제목과 영문 제목을 같이 표기하였다.

나는 팀의 변화를 통해 개인의 변화, 더 나아가 조직의 변화를 일으키기 위해 그 동안 팀 활성화 분야에서 많은 노력을 쏟아왔다. 1993년, LG전선(현 LS전선) 조직활성화팀에서 TVC(Task Value Creation: 업무가치 창조 프로그램)를 개발한 것을 시작으로 ITC(Inter Team Cooperation: 팀간 협력증진 프로그램), 신뢰증진 프로그램, 삶터 가꾸기 팀 활동 프로그램, 고성과팀 만들기 프로그램, 원더풀 프로그램을 개발했으며, 최근 들어서는 협력증진 팀활동 프로그램과 같은 팀의 변화를 촉진 할 수 있는 프로그램을 개발하고 있다.

이 프로그램들은 팀의 진정한 변화는 팀 구성원들이 다양한 영역에서 팀의 문제와 해결방안을 스스로 찾아 실천해 나감으로써 주인의식과 책임감을 증진하고 실행을 강화시킬 수 있다는 전제 하에 개발된 것이다. 그러나 나는 이러한 프로그램들을 전개해 나가면서 때때로 팀 활성화 프로그램이 오히려 팀 구성원들의 사기를 침체시키는 현상들을 접하곤 하였다. 팀워크 증진을 위한 워크숍에서 팀의 문제점을 들추어내고 동료에게 섭섭함을 토로하는 활동들이 때로는 서로에게 상처를 주기도 했으며, 활발한 대화를 저해하는 방해요인이 되었던 것이다. 또한 팀의 문제가 특정 팀원 때문에 발생되었다고 하는 책임전가나, 서로에게 상처가 될 수 있는 근본문제에 대해서는 회피하고 좋은 게 좋다는 식으로 넘어가는 일들도 많았다.

이것이 문제중심적 변화 접근의 한계라는 것을 AI를 접하면서 알게 되었다. 그리고 이러한 한계를 극복하기 위한 대안으로 A 팀 빌딩(Appreciative Team building)을 시도하게 되었다. A 팀 빌딩은 팀 구성원들이 대화를 통해 팀의 강점을 발굴하고, 구성원들 각자가 원하는 팀의 미래모습에 대한 합의를 형성하고, 팀의 미래를 실현할 수 있는 원칙과 변화방안들을 도출하여, 그것을 실천해 나가는 팀 자율변화 활동이다. A 팀 빌딩을 퍼실리테이션 하면서 나는 팀원들간에 긍정의 에너지, 활력이 넘치는 속에서 보다 창의적인 아이디어들이 도출되고 실행이 강화되어 변화가 성공적으로 이루어지는 것을 경험할 수 있었다. 뿐만 아니라 이러한 과정을 통하여 구성원 간의 관계가 증진되고, 팀워크가 눈에 띄게 향상되는 것도 관찰할 수 있었다.

이 책을 번역하기로 결심한 것은 이러한 경험을 통해 알게 된 강력하고 새로운 팀 빌딩 방법을 보다 많은 사람들에게 소개하고 싶어서였다. 이 책은 48개의 팀 활동영역에서 긍정 팀 빌딩을 시작할 때 필요한 긍정질문을 기술한 책이다. AI의 진행방법을 세련되게 다듬고 많은 조직에 이를 적용해 온 다이아나 휘트니는 AI에 있어서 다른 것은 다 포기 할 수 있어도 긍정인터뷰만큼은 생략할 수 없다고 강조하였는데, 그만큼 긍정질문은 구성원들에게 긍정의 에너지를 가져오는 중요한 요소이다. 이 책에 있는 질문들은 팀 구성원 각자가 가지고 있는 과거의 성공경험을 발견하고 팀의 변화를 위한 창의적인 아이디어들을 도출할 수 있도록 하여, 팀의 미래 가능성을 실현하게 해줄 것이다. 또한 이러한 과정을 통해 팀은 보다 응집력

있고 협력적이고 성과를 증진하는 방식으로 변화해 나갈 것이다.

이 책이 기업조직이나 공공조직의 교육전문가, 조직개발 담당자, 조직문화 담당자들에게 유용한 도구가 될 수 있을 것이라고 생각한다. 부디 이 책이 팀 활성화와 팀 개발, 조직문화의 변화를 시도하는 많은 사람들에게 좋은 지침서가 되길 기대한다.

대표 역자 이 영 석

A 팀빌딩

───── 제 1 장 ─────

서 문

우리 모두는 팀과 팀워크에 관한 여러 가지 의문과 가능성들이 존재하는 세상에서 살아가고 있다. 오늘날의 인간 시스템들이 거둔 대부분의 중대한 성과들은 협력, 긍정적 에너지, 팀의 진지한 노력을 통해 얻은 결과로부터 알아낸 것들에서 나온 것이다. 우리의 삶과 직장 생활을 발전시키는 가장 근원적인 원동력은 팀워크이다. 가족, 공동체, 스포츠팀, 태스크 포스팀, 자원봉사단, 해외파병단, 배심원단, 토착 부족, 이사회, 제조 부서, 자율 작업 집단, 자기개발 모임 등 모든 곳에서 팀과 팀워크는 발전을 이끄는 요소이다.

팀이라는 개념은 서구적인 개념이자 산업사회의 유산이다. 그러나 태고 때부터 존재해 온 토착 문화에서는 공동의 목적을 위해 사람들을 집단에 참여시켰으며, 이들이 서로 협력하고 서로간의 차이와 개성을 통해 학습하는 것을 장려했다. 문화적 배경과는 관계없이, 현대 조직에서 팀은 여러 직능과 다양한 이해관계자들의 이해를 뛰어넘어 공유된 의미와 혁신, 그리고 협력을 이끌어내는 주요한 통합구조, 혹은 추동력이다.

이렇게 팀 지향적인 문화 속에서, 이 주제에 관한 또 다른 책을 소개하는 이유는 무엇인가? 이미 수많은 책들과 안내책자들이 경영 코너의 팀 관련 책장과 서점 웹 사이트를 가득 채우고 있다. 그런 책들에는 신뢰와 응집성, 진정한 교류와 공유된 목표 등을 달성할 수 있는 방법들이 가득 담겨 있다. 그럼에도 불구하고 특정한 상황에서 각각의 목표를 지닌 팀에 있는 사람들이 그들이 처한 특수한 상황에 대한 처방을 얻길 원하기 때문에 이들을 돕기 위한 책들이 여전히 출간되고 있다. 이 책을 집필한 목적은 팀을 구축하는 것, 즉 어떤 목표를 세울 것인지 또는 팀에서 특정 역할들이 왜 필요한지를 독자들에게 설명하기 위한 것이 아니다. 이 책은 팀이 효과적으로 기능하도록 하는 요인이 무엇인가에 대한 이해를 높이는 데 그 목적이 있다. 이에 대한 지속적인 호기심을 키우고 그에 따라 행동할 때 팀이 활기를 띄고, 성장을 위한 역량이 강화되며, 효과적으로 기능할 수 있을 것이다.

이 책에는 팀원들 간의 대화를 시작하는 여러 가지 질문들이 있다. 이러한 대화들은 팀원들이 과거의 성공 비결과 미래의 가능성 실현을 위한 방법들을 발견하도록 해 줄 것이다. 이 책의 목표는 독자들이 소속한 팀에서의 대화를 훨씬 더 응집력있고, 협력적이며, 의미를 공유하고, 창의성과 생산성을 증진하는 방식으로 이끌어 가도록 하기 위한 것이다.

질문의 힘

Appreciative Inquiry(이하 AI)[1]에 대해 이미 친숙한 독자라면 우리가 답변보다 질문을 강조하는 이유를 이미 알고 있을 것이다. 팀과 효과적인 팀워크라는 주제에서는 우리가 묻는 질문들에 대해 정확히 인식하는 것이 매우 중요하다. 직장에서 나누는 일상적인 대화를 생각해보자. "우리 팀의 회의가 어떤 것 같아?"라는 질문을 받게 되면, "회의기 너무 많아. 너무 혼란스러워서 처리해야 할 '진짜' 업무에 집중을 못할 지경이야."라고 답하는 경우가 있다. 하지만 "우리 조직이 지금보다 팀워크가 좋아지면 성과도 좋아질까?"라고 물으면, 대부분의 사람들은 그렇다고 말할 것이다. 사

---

1) Appreciative Inquiry는 사람과 팀, 조직이 최상의 상태에 있을 때 이들에 생명력(활력)을 불어넣는 요인과 이유에 대한 탐구를 뜻한다. – 역자 주

람들은 팀이 달성할 수 있는 것에 대해 매우 큰 기대감를 갖게 하는 동시에 과거에 놓쳤거나 달성하지 못했던 기회들에 대한 경험을 함께 떠올리는 것처럼 보인다. 대부분의 사회조직에 만연한 부정적인 대화들 역시 과거에 팀에서 경험했던 것들에 대한 기억과 대화에 영향을 미친다. AI는 이러한 대화나 생각을 하는 과정에서 팀이 최적으로 기능했던 시기를 회상하며 생산적인 이야기들을 할 수 있도록 만드는 방법이며, 강점에 기반하고 있는 것이 특징이다.[미주1] 또한 AI는 그 효과가 충분히 입증된 방법이다. AI 활동에서 이야기들은 분석의 기초가 되고 팀의 과거 성공 경험들 속에 이미 존재하는 핵심적 성공요소들을 *발굴하는discovery*기본 자료가 된다. 이렇게 발굴해 낸 핵심적 성공요소들을 활용하여 대화는 이상적인 미래에 대한 *꿈꾸기Dreaming*로 전환되며, *디자인하기designing*와 이상적인 꿈의 미래 *실현하기destiny*로 계속해서 흘러간다.

이러한 긍정적이고 협력적이며 혁신적인 프로세스는 우리가 일상적으로 묻는 것들과는 다른, 의도적인 질문들로 시작된다. 대부분의 조직에서는 선별된 똑똑한 사람들을 모아 팀을 만들고 그들에게 몇 가지 복잡한 조직의 문제를 던져주는 것과 같은 상투적인 방식으로 일을 시작한다. 우리는 너무나도 많은 조직들이 이러한 접근방식을 채택하며 평범한 결과물에 안주하고 있다는 사실을 잘 알고 있다. 또한 팀의 결과물은 팀 구성원들이 합의만 한다면 그 내용의 질과는 관계없이 성공한 것으로 인식된다. 사실 어떤 합의에 도달하는 것 자체가 공통의 목표가 되어 버리는데, 이는 혁신적 사고, 직능간 경계를 뛰어 넘는 진정한 파트너십, 효율성을 한 차원 높이는 것과 적절한 목표를 져버리는 불행한 결과이다. 주의 깊게 관리하지 않으면 팀은 그들이 원하지 않는다고 말하는 대화 패턴, 즉 소모적인 회의가 이어지거나, 방어적인 태도를 보이거나 인신공격을 하여 갈등이 발생하고, 논의되어야 할 안건이 숨겨지며, 타인의 말을 경청하지 않는 대화에 빠질 수 있으며, 그 결과로 조직 발전이 저해되고 상호불신이 쌓이게 된다. 이러한 결과를 방지하기 위하여 노력한 결과로써 팀이 부정적 대화 패턴들을 인식한다고 하더라도, 이를 바로잡는 데 팀은 상당한 시간을 낭비하게 되고, 잘될 수 있는 것보다는 잘못될 수 있는 것에 더 집중하게 된다.

심지어 팀의 효과적 발전을 돕기 위한 요즘의 유명한 교육 프로그램들에서도 참가자들에게, 좋은 팀으로 발전시키기 위한 필수적인 단계라고 생각되는 *격동기Storming*를 예상하고 적극적으로 수용하도록 가르친다. 그 결과, 더 좋은 팀워크를 형성하기 위하여 다른 팀원들과 어떤 특정한 방식에 따라 서로 싸우거나 논쟁해야 한다는 생각 때문에 사람들은 새로운 팀에 배치되거나 새로운 프로젝트를 맡는 것을 두려워하게 된다. 언어는 그 자체로 매우 강력한 힘을 가지고 있으며 종종 자기충족적 예언이 된다. 일부 집단 역학 연구자들은 더 나아가 결핍에 기반한 이론들을 제시해 왔다. 즉, 불안을 유발하는 상황에서 개인의 자기효능감은 소속 욕구와 상치된다는 것이다. 이러한 역설은 상호 이익win-win의 결과물이 발생하지 않을 때 더욱 악화될 수 있다.[2]

우리는 AI에 대해 연구하면서 질문이 매우 중요하다는 점을 계속해서 확인할 수 있었다. 대화를 변화시키거나 하나의 프로세스를 끝맺거나, 다른 프로세스로 이동하도록 유도할 때 질문은 다른 어떤 요소보다 큰 힘을 발휘한다. 이 책에 실린 질문들은 팀 내에서 대화를 (재)구성하고 대화의

---

2) 자기충족적 예언self-fulfilling prophecy은 사람들이 자신의 기대에 따라 행동을 맞추어감에 따라 기대가 현실로 이루어진다는 것을 뜻함. - 역자 주

방향을 변경시켜서 팀원들이 더욱 열정적으로 미래를 예상하도록 하고, 과거와 미래의 협력에 대한 긍정적인 이미지들을 만들 수 있는 언어와 이야기들로 상호작용하도록 도와줄 것이다.

왜 팀원들의 대화를 변화시켜야 하는가?

많은 팀 구축 및 팀 향상 프로세스들은 구성원들의 행복감과 생산성을 향상시키기 위해 진행된다. 어떤 경우에는 사람들이 관계를 맺고 다른 사람들과 함께 일하는 방식을 바꿔야 할 충분한 이유가 있다. 사람들은 일을 즐기고 함께 일하는 사람들과 원만한 관계를 맺을 수 있어야 하는데, 그 이유는 직장에서의 만족도가 생산성과 직결되기 때문이다. 하지만 우리는 이와 다른 이유 때문에 팀 내에서의 대화가 변화되어야 한다고 생각한다. 우리는 강점에 기반하고, 긍정적이며, 생산적이고 희망찬 대화가 성과 향상과 팀원들 모두에게 도움이 될 것이라고 확신한다.

마샬 로사다Marcial Rosada와 에밀리 히피Emily Heaphy가 최근에 발표한 획기적인 연구 결과에 대해 생각해보자.[미주4] 이 두 명의 연구자들은 60개의 비즈니스 팀을 정한 뒤 각 팀의 손익 계산서, 고객 만족도 조사, 그 팀에 대한 임원, 동료, 부하직원들의 360도 평가를 측정하여 팀 성과 측면에서 순위를 매겼다. 그들은 순위에 따라 팀을 상급, 중급, 하급으로 나눈 뒤, 긍정과 부정Positivity:Negativity, 탐구와 변호Inquiry:Advocacy, 타인에 대한 언급과 자신에 대한 언급Other:Self이라는 세 가지 측면에서 팀의 대화를 분석했다. 그 결과는 놀라웠으며 간단히 말해 다음과 같다.

- 고성과팀의 평균 P:N 지수는 5.8:1이었으며, I:A와 O:S는 1:1로 균형을 이뤘다.
- 성과가 중간인 팀은 긍정이 부정보다 약간 더 높은 것으로 나타났으며(P:N=1.8:1), 변호(2:3)와 자기 지향적(2:3) 대화의 비중이 약간 더 높았다.
- 저성과팀은 매우 부정적이었으며(P:N=1:20), 조금 더 변호 지향적(1:3)이었고, 매우 자기 지향적(O:S=1:30)이었다.

또한 이 연구에서는 P:N 지수의 비율이 다른 두 항목의 비율에 영향을 미치는 핵심 요소임을 증명했다. 즉, 팀 자체에 대하여 숙고하는 내적 초점과 외부 환경에 대한 점검 간의 건전한 1:1의 균형, 그리고 서로를 이해하기 위한 질문과 자신의 의견 및 입장을 주장하는 것 간의 건전한 1:1의 균형은 부정보다 긍정을 강조하였기 때문에 나타난 결과이다. 고성과팀이 지닌 긍정성은 폭넓은 정서적 영역을 만들어 내었을 뿐만 아니라 팀에서 할 수 있는 다양한 행동들을 찾아내도록 하였다. 성과가 중간인 팀이나 저성과팀들이 나타낸 부정성은 정서 영역을 제한하여 행동의 가능성을 차단하였다. 이러한 결과는 긍정 정서가 사고와 행동 방식을 어떻게 확대하는지, 신체적, 지적, 사회적 자원들을 어떻게 지속적으로 구축하는지를 보여주는 프레드릭슨Fredrickson의 연구를 뒷받침하는 것이다.[미주5]

따라서 팀이 보다 긍정적이 될 수 있도록 팀 내에서 일상적으로 일어나는 상호작용을 변화시키는 것은 팀이 팀 자체와 팀을 둘러싼 환경에 집중하는 것의 균형, 그리고 이해하려고 노력하는 것과 자신의 진정한 신념과 의견을 주장하는 것 간의 생산적인 균형을 달성하는 수단이 된다. 이렇게 대화의 방식이 변화하게 되면 조직의 성공과 가치가 증대된다.

이 책에서 제시된 무조건적인 긍정 질문들은 이러한 변화를 촉진할 수 있다. 긍정 질문들은 팀의 대화를 곧바로 분명한 긍정적인 방향으로 변화시키고 팀이 중요한 대화를 하는 동안 질문과 타인에 대한 관심을 증가시켜 건전한 균형을 이루도록 한다.

팀의 효과성에 영향을 미치는 요소들

이 책에 소개된 질문들은 각자 속한 팀이나 다른 팀에서 경험해왔던 강점들과 최고의 실행 사례들을 찾아내는 발견의 과정을 촉진할 것이다. 이러한 요소와 아이디어들은 이상적인 미래를 꿈꾸고 상상하는 기반을 제공하고, 팀이 그러한 이상적 미래를 실현하도록 하는 구체적인 방법들을 제시할 것이다. 각각의 질문은 핵심요소에 관한 내용과 정보를 얻도록 해 줄 것이다. 이 책의 질문들은 어떤 상황에서나 효과적이었던 팀들에게 적용되어 왔던 것들이다.[미주6]

- **명확하고 공유된 목표나 목적.** 팀이 달성해야 하는 것은 무엇인가? 팀의 구성원들이 상호의존적인 이유는 무엇인가? 성공을 나타내는 지표들은 어떤 것인가? 각 구성원들이 이 팀의 업무를 의미 있게 느끼도록 하는 것은 무엇인가?

- **명확하고 공유된 역할/책임.** 각 구성원이 해야 할 가장 중요한 역할은 무엇인가? 구성원들이 서로의 가장 높은 기대에 부응하도록 돕는 것은

무엇인가? 구성원들이 그들의 기대를 뛰어넘을 수 있도록 서로 돕는 방법은 무엇인가? 어떻게 하면 역할갈등이 학습과 발전의 기회가 될 수 있는가?

- **서로 돕고 힘을 불어넣는 관계.** 모든 구성원들이 각자 맡은 임무를 수행하면서 학습하고 성장한다는 것을 확인할 수 있도록 상호작용하는 방법은 무엇인가? 모든 구성원들의 경험들이 업무의 최종 결과에서 필수적이고 특출한 부분이 된다는 것을 어떻게 확인할 수 있는가? 어떻게 하면 상호 존중과 인정이 지속적으로 증가할 수 있는가?

- **명확하고 공유된 절차.** 모든 구성원들이 자신의 최고 수준으로 일하는 데 필요한 정보를 가질 수 있도록 하려면 서로 어떻게 소통해야 하는가? 회의가 모두에게 가장 의미 있는 시간이 되려면 회의를 어떻게 진행해야 하는가? 모든 구성원들이 실행에 참여하도록 하기 위해 중요한 의사결정을 어떻게 내릴 것인가?

- **리더십의 증진과 도전.** 공식적 리더들은 어떻게 사람들을 아우르는가? 그 목적은 무엇인가? 리더십은 조직 내에서 어떻게 분배되는가? 조직과 구성원들에게 봉사하기 위해 사람들은 자신의 권한과 영향력을 어떻게 활용하는가?

- **활력과 정신의 고취.** 팀이 스스로 재충전할 수 있는 방법은 무엇인가? 이를 위하여 조직에서는 어떠한 행사들을 실시하는가? 팀의 구성원들은 어떤 방식으로 성공을 축하하고 통과의례를 기념하는가?

- **생산성과 성과.** 팀원들을 그들이 일하는 더 큰 조직들과 연결시켜 주는 것은 무엇인가? 팀이 기여할 수 있는 하한선은 무엇인가? 업무는 어떻게 처리가 되는가? 팀이 스스로에게 부과하는 질적 기준은 어떤 것들이

며, 그러한 기준들은 어떻게 달성되는가?

- **완전하고, 목적에 부합하며, 사기를 높이는 의사소통.** 누가 누구에게 말하는가? 무엇에 대하여 말하는가? 어떻게 말하는가? 사람들이 전체, 그리고 다른 구성원들과 소통하도록 도움을 주는 시스템과 구조는 어떤 것들인가?

팀의 지혜*The Wisdom of Teams*라는 책에서 카젠바흐Katzenbach와 스미스Smith는 고성과팀들은 어떤 분야에서나 발생할 수 있는 혼란이나 합의의 부족을 피하기 위해서 정기적으로 목표, 역할, 관계, 절차에 대하여 점검한다는 것을 보여주었다.[미주7] 우리는 이러한 정기적 조사에서 활력과 정신, 생산성과 수행, 그리고 의사소통과 같은 주제들도 다루어야 한다고 생각한다. 이러한 질문들에 대한 답변은 다양할 수 있지만, 평가와 조사를 위하여 제기될 사안들은 기본적으로 변하지 않는다. 이 책에 담긴 질문들은 이러한 주요 연구 영역들에 대한 조사를 반복하여 실시하는 데 도움을 주기 위하여 만들어졌다. 예를 들면, 팀의 목표가 분명하며 모든 이들이 그 목표에 동의한다고 가정하는 것은 위험하다. 심지어 그 목표가 모든 구성원들의 만장일치로 1개월 전에 결정되었다 하더라도 그렇다. 효과적인 팀은 이러한 주제들을 수시로 재점검하지만, 효과성이 떨어지는 팀들은 그렇게 하지 않는다.

최고의 팀 만들기

팀 형성 초기 단계에서 팀이 기울이는 노력은 매우 중요하다. 사람들은 새로운 팀 구성원들 간의 친숙도와 관계없이, 현재의 상황을 해석하는 데 자신들의 과거의 경험을 활용한다. 이렇게 과거 경험을 통하여 형성된 개념들은 사람들의 초기 행동과 반응들에 영향을 준다. 우리 동료인 저버스 부시Gervase Bushe는 새롭게 형성된 많은 팀에서 AI를 활용해 왔다. 그가 고안한 "최고의 팀 활동Best Team Intervention"은 간단하지만 매우 강력한 방법인데, 새로운 팀원들에게 그들이 자신에게 의미 있는 무엇인가를 발견했던 때 등 이전 팀에서 있었던 매우 우수한 팀 경험이나 순간들에 대한 이야기들을 회상하도록 질문을 던지는 것이다.[미주8] 그들의 이야기를 공유한 다음, 새로운 팀원들은 그 이야기들에서 앞으로 새로운 팀에서 가장 보고 싶은 팀 운영에 관련된 핵심 프랙티스나 기본 규범들을 가려낸다. 마지막으로, 이들은 구체적인 계획을 세우고 그러한 열망을 달성하기 위한 방식으로 일할 것을 다짐한다.

보다 전통적인 팀 빌딩 방식들과 비교할 때, AI 접근은 더 높은 팀 효과성과 응집력을 얻을 수 있도록 한다.[미주9] 부시Bushe는 이러한 팀 구성의 초기 단계를 "전정체성pre-identity" 단계라고 히였으며, 무엇이 잘못될 수 있는지에 대한 불안과 두려움을 무엇이 가능한지에 대한 확신과 실현 가능한 희망으로 바꿀 수 있다는 점에서 AI가 특히 적절하고 유용하다고 주장한다.

지금부터 시작하기

이 책에 소개된 질문, 프로세스, 제안들은 생각하고, 추출하고, 실험하기 위한 재료라고 할 수 있다. 이 재료들을 적용하라. 마음껏 사용해도 된다. 지금은 팀에서 오가는 대화를 긍정적으로 변화시키고, 당신에게 가장 적합한 실행 방법들을 찾아 나서야 할 때이다. 이제 미래의 훨씬 더 나은 팀을 구축하기 위해서, 또한 과거에 속했던 팀이 최고의 팀이 될 수 있도록 도움을 주었던 요소들을 기억하고 이해하기 위해, 그 당시 관련되었던 모든 사람들에게 정말로 경이롭고 소중했던 과거의 팀 경험들을 되새겨야 할 때이다.

제2장에서는 고성과팀을 구축하기 위하여 긍정 질문법들을 어떻게 활용할 수 있는지에 관한 열 가지 방법을 소개할 것이다. 제3장은 목표와 목적, 역할과 책임, 절차, 관계, 리더십, 활력과 정신, 생산성과 수행, 그리고 의사소통의 여섯 가지 주제로 분류된 48개의 긍정 질문들을 제시한다.

제4장은 여러 팀 빌딩 프로세스들 중 긍정적 팀 개발과 관련된 AI를 실시하기 위한 지침들을 소개하고 있다. 제5장에서 개괄적으로 소개된 인터뷰 가이드를 활용하여 AI의 단계적 프로세스를 곧바로 적용해 보거나, 팀의 니즈에 따라 수정하여 적용할 수 있다. 어떤 방식을 활용하든지 긍정적 대화와 무엇이 효과적인가에 대한 조사를 통해서 팀의 역량이 강화될 것이다. 마지막으로 제6장은 실행을 촉구하는 내용과 함께, 이러한 방식에 흥미를 가지는 독자들을 위한 추가 자료들 목록을 담고 있다.

이 책에 실린 질문들을 활용하여 가능성을 탐구하는 것은 다음과 같은 상황들로 요약될 수 있다. 다음번 위원회나 팀 회의를 지난번 회의가 끝난 뒤 있었던 일들에 대해 무조건적인 긍정 질문을 던지는 것으로 시작하고, 어떤 이야기들이 나오는지 경청한 다음, 회의를 올바른 방식으로 시작하기만 하라. 그러면 여러분들은 항상 하던 대로 회의를 시작할 때와 비교하여 팀이 회의의 안건에 얼마나 다르게 접근하는지에 대해 경탄하게 될 것이다.

A 팀 빌딩

제 2 장

고성과팀 구축을 위해 긍정 질문을 활용하는 10가지 방법

1. 팀원 선발

어떤 사람들은 팀 플레이어로서의 재능을 타고난다. 그 외의 사람들은 팀 스킬을 습득하고 어떻게 협력하고, 소통의 가능성을 열어놓고, 책임감과 결과물을 공유 하는지를 배워야 깨닫게 된다. 타고난 팀 플레이어나 팀 플레이어가 될 수 있는 스킬을 가진 사람들이 바로 당신이 팀에서 함께 일하고 싶어하는 사람들이다.

팀 플레이어를 찾는 가장 좋은 방법 중 하나가 바로 긍정 질문이다. 이 책에 소개된 질문들 중 몇 가지를 선발 인터뷰 질문들에 포함시켜 활용해 보라. 이 질문들을 할 때는 답변을 주의 깊게 들어야 한다. 인터뷰 대상자가 과거에 성공적인 팀의 일원으로서 일해 본 경험이 있는가? 그 팀이 성공할 수 있도록 한 요인에 대해 설명할 수 있는가? 지원자가 팀의 성공을 위해 기여한 것이 무엇인지 알고 있으며, 그러한 역할을 다시 할 수 있는가? 그 사람이 지닌 스킬과 강점은 당신의 팀이 성공하도록 하는 데 필요한 특성들인가? 긍정 질문들을 던짐으로써 당신의 팀에 적합한 구성원을 선택하는 데 필요한 정보를 얻고 지원자를 이해할 수 있다.

2. 팀원들의 강점 정렬

고성과팀은 구성원들의 강점을 최대한 활용한다. 또한 팀원들 각자의 관심사, 기술력, 강점, 기대와 꿈에 대해 서로 알 수 있는 기회를 갖는다. 고성과팀은 팀의 비전, 목적, 그리고 목표를 달성하기 위하여 팀원들의 강점을 최대한 활용하고 배분한다.

이 책에 실린 질문들은 팀원들이 가진 강점, 기대, 꿈을 파악하는 데 도움을 줄 수 있다. 일단 팀원들의 강점들을 발견하고 그 프로필이 갖춰지면, 당신은 팀원들의 강점에 적합한 역할과 책임을 할당할 수 있다. 팀원들이 지닌 강점 프로필을 만들기 위하여 이 책에서 질문 몇 가지(예를 들어, "나만의 역량과 성공적인 업무 방식 발굴하기" 또는 "함께 일하는 것의 놀라운 효과")를 선택하여 인터뷰 가이드를 만들어보라. 팀을 두 편으로 나누어 인터뷰 파트너를 정해준 다음 서로에게 인터뷰를 진행하도록 하라. 인터뷰가 끝나면 팀 전체의 회의를 통하여 인터뷰에서 배운 것들을 논의하도록 하라. 팀원들 각자가 지닌 스킬, 강점, 기대, 열망을 보여주는 표를 만들라. 이것이 바로 팀의 강점 프로필이 된다. 팀원들의 강점에 따라 팀 내 역할과 책임을 설정하는 데 이 프로필을 활용하라.

3. 동료애와 신뢰 구축

동료애와 신뢰는 팀원들이 서로를 개인적으로, 그리고 업무적으로 이해하고 있는지에 달려있다. 특히 팀 형성 초기 단계에는 처음부터 좋은 신뢰

관계와 동료애의 기초를 다지기 위해서 팀원들이 만나고 서로에 대해 이해하는 시간을 가져야 한다. 팀원들의 업무가 바빠지고, 업무와 일정에 따른 중압감이 커지고, 다른 사람들이나 팀들과 협력해야 할 필요가 있을 때 이러한 것들이 도움이 된다.

동료애와 신뢰의 기초를 구축하기 위해서 이 책에 있는 신뢰, 팀 정신, 직장에서의 흥미, 성공 축하와 같은 주제에서 한두 가지 질문을 선택하라. 두 시간에서 네 시간 정도의 시간을 마련하고, 팀이 함께 그 질문들에 답변하도록 하라. 팀원들이 공유하는 이야기들을 경청하면서 공통된 테마와 특별한 최상의 순간들을 기록하라. 이러한 방식은 당신의 팀에서 신뢰와 동료애를 어떻게 구축할 수 있는지에 대한 실마리를 제공할 것이다.

질문에 대한 답변을 공유하고 도출된 공통의 테마에 대해 논의한 뒤, 팀원들에게 월 단위로 팀의 정신을 증대시키기 위한 역할을 안배할 수 있다. 이를 위하여 팀원들이 해야 할 과제는 마음을 터놓고 하는 대화, 피자 파티, 팀 인정의 날과 같이 한 달에 한 번씩 공통 테마 목록에서 몇 가지의 활동을 시작하고 촉진하는 것이다. 긍정 질문들에 대하여 답하고 논의하는 과정에서 팀의 독창적인 아이디어들이 나오기 마련이다.

4. 팀 규범 설정

모든 팀은 의사소통, 의사결정, 일정 준수하기 등과 같은 팀 활동에 대한 규범이 필요하다. 성공적인 팀들은 규범에 대해 명쾌하게 토론하고 그 규범에 따라 의사결정을 한다. 고성과팀은 다른 고성과팀들에 대해 조사하고 팀을 더 좋게 만들 수 있는 방법을 학습한다. 고성과팀은 그들 자신과 팀의 상황에 효과적인 규범을 만들기 위해 다른 팀들과 자신들의 과거 성공 경험에서 최고의 강점을 자신의 것으로 만든다.

이 책의 질문들을 활용하여 다른 팀들이 성공을 거두는 데 도움을 준 규범들을 조사해보라. 서너 가지의 질문을 선택하여 인터뷰 가이드를 만들라. 몇몇의 성공적인 팀들을 선택하여 당신의 팀 구성원들이 그 팀의 팀원들과 인터뷰를 하도록 하라. 현재 당신의 팀이 함께 일하는 팀들을 선택하라. 앞으로 협력할 수도 있는 다른 팀들을 선택하라. 다른 조직의 팀이나 다른 업무를 하는 팀들을 인터뷰해 볼 수도 있다. 예를 들어, 당신이 경영팀에 있다면, 스포츠 팀이나 광고팀, 혹은 극단 단원들에 대한 인터뷰에서 그들의 성공 비결을 찾아내는 것도 흥미로운 일이 될 수 있다.

인터뷰를 진행한 뒤에 모든 팀원들을 모이게 하여 인터뷰에서 나온 이야기들이나 배운 교훈들을 공유해 보자. 서로의 말을 들으면서, "팀 성공을 위한 규범" 목록을 만들라. 인터뷰에서 발견한 점들을 모두 공유한 뒤에, 당신의 팀의 규범들에 대해 솔직하고 열린 대화를 하라. 마지막으로, 팀원들 모두가 동의하는 규범(10개 이하)을 결정하라.

5. 팀의 성공 축하하기

개인적 차원에서나 팀 단위에서 우리는 너무도 흔히 우리의 성과에 대해 축하하지 않고 어떤 프로젝트나 업무가 끝나면 바로 그 다음 프로젝트나 업무를 시작하면서 바쁘게 살아가는 경우가 많다. 그러나 고성과팀들은 열심히 일하고 그로 인해 얻어진 크고 작은 결과들과 중대한 성과에 대해 정기적으로 축하하는 자리를 갖는다. 긍정 질문들은 팀으로 하여금 자신들이 거둔 발전상을 인식하고 축하하는 것을 도울 수 있다. 그럼으로써 당신은 팀을 성공으로 이끈 요인이 무엇인지 알게 된다. 당신은 스스로 무엇을 하는지와 어떻게 그 일을 하는지에 대한 팀의 자부심을 향상시킬 수 있으며, 팀의 프로젝트나 업무에 대한 팀원들의 헌신을 끌어낼 수 있다.

당신은 비공식적으로 팀원들과 대화를 하거나 공식적으로 팀 회의를 주재함으로써 팀이 거둔 성공을 인정하고 축하하기 위하여 긍정 질문들을 활용할 수 있다. 비공식적으로 축하하기 위해서 팀원들에게 "이 프로젝트나 활동, 혹은 업무의 어떤 부분이 당신에게 가장 큰 자부심을 느끼도록 하는가?"와 같은 질문을 던지거나, 팀원들이 가장 높이 평가하는 것이 무엇이며 왜 그런지에 대해 물어보라. 이런 식으로 팀원들 개인과 팀 전체가 인정을 받을 수 있다.

팀 성공을 공식적으로 축하하기 위하여 긍정 질문들을 사용하라. 이 책에 실린 질문 하나를 골라서 모든 팀원들에게 물어보고 그 결과를 현재 진행 중인 프로젝트나 팀의 전반적인 업무를 논의하기 위한 길잡이로 활용하라. 라운드 로빈 프로세스round robin process[3]를 사용하여 팀원들 모두가 그 질문에 대답하도록 하라. 모두의 답변을 공유한 뒤에 팀이 거둔 성과 목록을 만들고 그에 기여한 팀원들이 누군지도 확인하라. 팀에 관한 이야기와 사진들을 사보, 사내 게시판, 인터넷 사이트 등에 게재하라. 이런 방식으로 다른 사람들이 당신의 팀이 거둔 성과들에 대해 배울 수 있다.

---

3) 토의 기법 중 하나로, 하나의 질문에 대해 모든 토의 참가자들이 돌아가면서 각자 생각하는 바를 공유한다. - 역자 주

6. 고객의 요구사항 명확화

고성과팀들은 고객들이 원하고 필요로 하는 것들을 알아내고 명확히 하기 위해서 고객들과의 관계를 형성한다. 어떤 팀들은 그들의 고객들과 관계를 계속해서 유지하면서 변화하는 고객의 요구사항들에 관해 허심탄회한 대화를 지속적으로 나눈다. 또 다른 팀들은 주기적으로 갑작스런 포커스 그룹, 설문, 고객 인터뷰 등을 실시하기도 한다. 자료 수집의 방법이 어떤 것인지 간에, 긍정적인 질문들은 긍정적인 결과를 가져온다.

긍정 질문들을 고객들과의 포커스 그룹이나 1대1 인터뷰에서 활용하거나, 고객 설문조사의 문항으로도 활용할 수 있다. 이 책에 소개된 많은 질문들은 고객이 요구하는 바를 알아내는 데 활용될 수 있다. 두세 개의 질문들을 선택하여 고객들에게 그 질문들을 던져보라. 이러한 인터뷰에서 얻은 결과는 당신이 고객들의 기대와 꿈을 가장 잘 충족시켜 줄 수 있는 방법이 무엇인지 결정하는 데 도움이 될 것이다. 고객을 이해하는 것이 바로 자신이 몸담은 팀이 존재하는 이유를 이해하는 열쇠임을 기억하라.

7. 다양한 차이점들을 극복하기 위한 조정

고성과팀들은 의견, 접근법, 사고방식과 업무방식에서의 차이가 발생하는 것을 심각하게 생각하지 않는다. 그들은 대립을 협력으로 전환하는 것을 진심으로 즐긴다. 서로 간의 차이가 있을 때 그들의 강점을 정렬함으로써 자원을 최대한 활용하고 목표를 향해 효과적으로 일한다. 그들은 비효과적인 일들에 시간과 에너지를 소모하지 않으며, 개인 또는 팀이 잘 할 수 있는 영역에서 최고의 결과를 이끌어내는 데 집중한다.

대립을 협력으로 전환하기 위해서는 팀원들 각자가 지닌 차이점들을 발견하고 이해할 필요가 있다. 그러기 위해서는 서로의 차이점이 무엇인지 배우기 위하여 마음을 열어야 하며, 이러한 차이가 그들의 팀에 어떻게 기여할 수 있는지를 인식해야 한다. 그러한 것이 가능할 때에 비로소 강점을 정렬하고 공동의 목적을 향해 조화롭게 일할 수 있다. 바로 이 때 긍정 질문들이 힘을 발휘할 수 있다.

대립을 협력으로 전환하기 위해서 긍정 질문들을 활용하는 가장 좋은 방법은 팀원들이 팀 내에서 자신과 가장 다르다고 생각하는 사람을 선택하여 서너 가지의 긍정 질문을 활용한 인터뷰를 하는 것이다. 인터뷰 진행자들에게 상대방과의 공통점과 차이점을 찾고 이를 기록해 달라고 요청하라. 인터뷰가 끝난 뒤에는 각자 적은 것을 서로 공유하고 유사성과 차이점 목록을 만들도록 하라. 또한 한 걸음 더 나아가 이들이 그러한 차이점과 유사성을 토대로 서로 협력할 수 있는 방법에 대해 생각하고 논의해 달라고 요청하라. 팀 전체가 이러한 프로세스에 참여하여, 모든 팀원들 사이의 공통점과 차이점 목록을 만들고, 어떻게 하면 팀원들이 가장 잘 협력할 수 있는지에 대한 계획을 함께 세울 수도 있다.

8. 프로젝트에 대한 비전 및 목표 설정

"비전이 없는 사람들은 쇠퇴하기 마련이다." 자주 인용되는 이 격언은 개인이나 집단 모두에게 그대로 적용된다. 고성과팀들은 매력적인 비전과 명확한 목표를 가지고 있다. 고성과팀의 비전은 특정 프로젝트를 위한 것일 수도 있고, 진행 중인 업무를 수행하는 집단으로서의 팀을 위한 것일 수도 있으며, 혹은 어떤 활동이나 과제를 위한 것일 수도 있다. 비전이 무엇이든지 간에, 비전은 비전의 실현에 참여하도록 팀원들과 이해관계자 모두의 마음을 매료시키는 것이어야 한다. 그리고 비전의 달성을 위해서는 분명한 목표들을 설정하는 것이 필수적이다.

고성과팀들은 그들의 비전과 목표를 명확히 하기 위한 시간을 갖는다. 다양한 긍정 질문들을 통해서 팀원들은 팀의 목표가 달성되었을 때 미래 조직이나 공동체의 모습을 상상해보거나, 조직이나 집단이 성취하게 될 비전을 그려보거나, 자신들이 이룬 성과를 통해 더 나은 세상을 만들 수 있다고 상상해 볼 수 있다. 이러한 과정에서 이 책의 질문들이 도움이 될 것이다. 한두 가지의 질문(예를 들어 "목표에 집중하게 되는 순간")을 선택하고 팀의 미래를 위해 팀 비전과 관련한 대화를 진행하는데 활용해보라. 과감해질 필요가 있다. 가능한 아이디어들을 많이 모으면, 여러 가능성들을 실현시키는 새로운 방법들이 분명히 나타날 것이다.

9. 팀 정체성 형성과 자긍심 증진

모든 팀들은 고유한 성격과 정체성을 지니고 있다. 행동지향적인 팀이 있는가 하면, 심사숙고하고 계획에 따라 움직이는 팀도 있다. 또한 복잡한 도전들에 직면했을 때 최고의 성과를 이루는 팀이 있는가 하면, 일정한 속도를 유지하며 일을 진행할 때 잘 해내는 팀들도 있다. 하나의 특징이 다른 것에 비해 좋다고 할 수는 없다. 모든 팀들은 제대로 기능할 때도 있고 그렇지 않을 때도 있다. 또한 각각이 강점과 단점을 모두 가지고 있다. 중요한 것은 팀원들이 추구하는 가치에 따라 팀의 정체성을 의식적으로 창조함으로써 자신의 팀에 대한 자긍심을 느끼도록 하는 것이다.

팀 정체성을 창조하기 위하여 당신이나 당신의 팀원들이 과거에 함께 일해 보았거나 지켜보았던 다른 팀들의 가치가 무엇인지 탐구할 때 긍정 질문들을 활용할 수 있다. 당신이 원하는 팀의 모습을 그려보거나 팀에 통일성과 자긍심을 부여하기 위해 다른 팀들의 의사결정 과정, 리더십, 의사소통, 업무 처리 방식, 다른 팀들과 관계를 맺는 방법에 대하여 당신이 가치를 두는 것이 무엇인지를 말할 수도 있다.

10. 팀 회의 활성화

의미 있고 흥미로운 팀 회의가 되도록 하는 방법 중 하나는 팀원들 모두를 대화에 참여하도록 하는 것이다. 사람들은 대화에 참여하고 그들의 생각을 공유할 기회를 갖게 될 때, 회의에 더 많이 참여하고 회의의 결정 사항에 몰입하여 실행하려고 한다. 긍정 질문은 사람들의 참여를 유도할 수 있는 효과적인 방법이다. 긍정 질문은 사람들이 학습하고 인정하는 분위기를 만들며, 팀원들 사이에 할 수 있다는 태도를 확산시킨다.

긍정 질문은 회의를 시작할 때도 사용될 수 있다. "오늘 회의의 안건에 대해 논의하기 전에 새로운 비즈니스 시작에 대한 지난번 회의가 끝난 후

우리가 무엇을 해 왔는지에 관해서 한 사람씩 말해봅시다."와 같은 제안을
해볼 수 있다. 긍정 질문으로 회의를 시작하는 것은 업무를 보다 재미있
고, 활기차고, 의미있게 만들 수 있다.

긍정 질문은 회의의 분위기를 절망에서 희망으로 바꾸는 데도 활용될
수 있다. 대화가 부정적으로 치닫고 팀원들이 어떤 것이 왜 효과가 없는가
에 대해 계속해서 말하고 또 말하는 것에서 빠져 나가지 못한다면, 긍정
질문을 던져보라. "이 상황을 변화시키기 위한 당신의 가장 큰 희망이나
꿈은 무엇입니까? 어떤 일이 일어나면 좋을까요? 당신이 요술지팡이를 가
지고 있다면, 이러한 상황에서 어떤 소원을 빌겠습니까?"와 같은 질문을
던지라. 긍정 질문은 팀을 진창에서 끌어내고 새롭고 흥미진진한 방향을
향해 나아가도록 한다.

A 팀 빌딩

제 3 장

팀에서 최고의 것을
이끌어 내기 위한
긍정 질문들

이번 장은 48개의 긍정 질문들을 담고 있으며, 팀 효과성과 개발에 대한 여덟 가지 영역으로 구성되어 있다.

- 목적과 목표의 연계
- 우리팀의 역할 및 책임 명확화하기
- 서로 돕고 힘을 불어넣는 관계 구축하기
- 창의적이고 명확한 업무절차 수립하기
- 리더십의 도전
- 팀에 활력 불어넣기
- 성과 증진시키기
- 의사소통 촉진하기

이런 분야들에 대한 조사는 높은 성과를 거두는 데 결정적인 방식으로 작용하여 팀의 자각과 효과성을 높일 수 있다. 다양한 주제들을 주기적으로 탐구함으로써 팀에 생기를 불어넣고, 자긍심을 높이며, 지속적인 긍정적 변혁을 위한 기량과 능력을 향상시킬 수 있다.

목적과 목표의 연계

팀원들에게 팀의 목표를 정확하게 인식시키고 목적을 충분히 연계시키는 것은 높은 성과를 얻는 데 필수적이다. 당신의 팀이 보다 밀접하게 목표와 연계될 수 있도록 하는 방법을 찾기 위하여 다음의 네 가지 질문을 활용하라.

질문 1 : 목표에 집중하게 되는 순간

When Goals Snap Shorply into Focus

명확하고 매력적인 목표가 없는 상황에서 최고의 성과를 달성하는 일은 쉽지 않다. 불분명하고 애매한 목적을 향해 나아갈 때 사람들이 최선을 다하기는 어렵다. 우리는 주기적으로 불확실성 속에서 길을 잃게 되지만 어느 순간 불현듯, 마치 마법에 걸린 것처럼 목표에 정확하게 집중하게 된다. 그 순간 상황이 변하고, 우리는 우리가 추구할 명확한 비전을 갖게 되며, 목표를 달성하기 위해 개인이나 팀이 해야 할 것들을 수행하게 된다. 에너지가 빠르게 집결되고, 앞으로 나아가기 위한 팀원들의 노력이 한군데로 집중된다.

1. 당신의 팀이 혼란에서 벗어나 목표와 목적에 집중하게 되는 극적인 변화를 경험했을 때를 되돌아보라. 이러한 '마법과 같은' 순간에 대해 이야기해보라.

   - 어떤 사람들이 참여하였는가? 어떻게 참여했는가?
   - 정확히 어떤 일이 일어났는가? 변화가 일어나기 전, 그리고 모든 것이 변화하였던 순간(들)으로 되돌이기서 생각해보라. 그 변화를 촉진했던 구체적인 요소들은 무엇인가?
   - 변화의 중심에 서서 돌이켜 볼 때, 어떤 사람이나 요소가 두드러졌는가? 어떻게 그렇게 되었는가?

2. 지금으로부터 1주일이 지난 시점이라고 상상해보자. 혼란에 빠져 있던

팀의 현재 목표는 한 곳으로 급격히 집중되면서 활력과 열정이 샘솟는 상황이다.

- 무엇이 해결되었는가?

- 어떻게 해결되었는가?

- 문제 해결에서 당신은 어떤 역할을 했는가?

질문 2 : 도전적인 목표, 놀라운 결과

Challenging goals, Extraordinary Results

사람들이 목표달성에 실패하거나 정말로 놀라운 결과를 거두는 것처럼 팀에도 이같은 부침의 시기들이 존재한다. 그러나 '정말로 놀라운 결과들'이 우연히 발생하는 것은 아니다. 이는 도전적인 목표를 설정하고, 그 목표를 달성하거나 목표를 뛰어넘는 성과를 달성하려는 사람들의 의지로부터 나온다.

1. 팀이 매우 도전적인 목표를 성취하기 위해 일했던 때와 기대 이상의 놀라운 결과를 달성했던 과정에 대하여 이야기해보라. 그 이야기는 당신이 팀에 소속되어 있던 때의 사건일 수도 있고, 혹은 그 팀에서 입에서 입으로 전해 내려오는 이야기일 수도 있다.

   - 어떤 상황이었는가?
   - 누가 그러한 목표들을 세웠는가? 어떻게 했는가?
   - 방금 설명한 결과들을 이끌어내는 데 있어 원래 목표들은 어떤 역할을 했는가?
   - 팀원들은 그들이 이룬 결과에 대해 어떻게 느꼈는가?

2. 당신은 마법에 걸려 잠에 든 뒤에 오늘로부터 5년이 지난 후를 축하하기 위해 깨어났다. 당신의 팀은 당신이 항상 꿈꾸어 오던 너무나 대단한 결과를 달성했으며, 기존의 제품과 서비스의 품질에 상당한 발전을 이루어냈다.

- 당신의 팀이 성취한 것은 무엇인가? 어떻게 달성했는가?

- 이 놀라운 결과가 당신의 삶의 질과 조직 및 고객들의 삶을 어떻게 변화시켰는가?

- 지금 축하하는 성과를 달성하기 위한 방향은 무엇이었는가? 5년 전에 세워 놓은 원래의 목표는 어떤 것이었는가?

- 그 도전적인 목표를 설정하는 데 누가 관여했는가? 어떻게 설정하였나?

질문 3 : 모두의 기쁨을 위하여

For the Good of the Whole

팀을 만드는 가장 큰 이유는 사람들이 함께 모여 협력함으로써 공동의 목적을 달성하기 위한 것이다. 따라서 효과적인 팀워크는 모두의 기쁨을 위한 이타주의, 그리고 개인적인 이익과 욕구를 제쳐두는 집단적 상황으로 구성된다.

모두의 기쁨을 위하여 집중하고 일하는 과정에서 사람들은 개인을 뛰어넘어 보다 큰 하나가 되는 확장감을 갖게 된다. 또한 이 과정에서 사람들은 "우리"가 되는 것의 기쁨을 알고 감사하게 되며, 마음이 맞는 사람들과 함께 노력함으로써 역량을 키우게 된다.

1. 개인적인 이익보다 모두의 기쁨을 위해 행동하고, 그로 인해 감사를 받았던 때에 대해 이야기 해 보라.

   - 팀이나 조직의 어떠한 내적인 영향이 당신과 다른 사람들에게 이타심을 불러일으켰는가? 달리 말하자면, 모두의 기쁨을 추구하는 행위들이 어떻게 발전되고 장려되었는가?
   - 당신이 내린 결정의 결과로 더 많이 알게 된 것은 무엇인가?

2. 현재 자신이 속한 팀이나 조직의 임무, 또는 목적의 측면들 중 당신이 팀원들과 협력하고 모두의 기쁨을 위해 일하도록 가장 많은 영감을 주는 것은 무엇인가?

3. 당신이 모두의 기쁨을 위한 행동을 더 자주 하도록 영감을 주는 것은 어떤 것인가?

질문 4 : 사회를 위한 봉사

In the Service of society

팀이 사회에 기여할 때, 사람들은 만족감과 충족감을 느낀다. 팀원들은 단순히 돈을 벌거나 개인적인 목표를 달성하는 것보다는, 더 높은 차원의 목적을 달성하고자 할 때 더 열심히 노력하게 된다. 그렇게 되면 일상생활에서 느끼던 어려움들은 사소한 것이 되어 버린다. 개인적인 이해관계에 대한 관심을 줄이고 봉사와 사회에 남길 유산에 대한 질문에 집중하게 되면 팀은 지속적으로 활기를 띠게 되고, 팀원들은 동료들 및 조직과 하나가 된 듯한 일체감을 얻을 수 있다.

1. 사회를 위하여 봉사했던 팀의 일원이었던 때에 대해서 말해보라. 그 일은 전반적인 팀 미션의 일부였거나, "봉사 활동"의 형태와 같은 하나의 프로젝트나 활동이었을 수도 있다.

   - 당시 상황은 어떠했는가? 그 일은 왜 필요했는가? 누가 참여했는가?
   - 이렇게 더 높은 수준의 목표에 집중하는 것이 팀원 개인이나 전반적인 팀 수행에 미쳤던 가장 긍정적인 효과를 설명하라.

2. 단기 프로젝트였을 경우

   - 사람들의 태도, 접근방식 및 관계는 "일상적인 업무"를 할 때와 어떻게 달랐는가?
   - 그 프로젝트가 팀원 개인이나 전반적인 팀 수행에 미친 장기적 효과는 무엇인가? 즉, 이러한 사회봉사를 통해 팀은 무엇을 얻게 되었는가?

3. 만일 당신에게 내일부터 팀을 사회봉사에 참여시킬 수 있는 세 가지 방
법이 있다면 무엇인가? 그 일들은 소규모의 프로젝트일 수도 있고, 전
략적 방향에서의 중요한 변화가 필요한 것일 수도 있다.

우리팀의 역할 및 책임 명확화하기

역할과 책임을 분명히 하는 것은 훌륭한 팀을 만드는 또 하나의 기본적 요건이다. 다음 여섯 가지 질문들은 당신의 팀이 역할과 책임이란 측면에서 어떠한 상태에 있는지를 가늠해보고, 어떻게 하면 역할과 책임을 보다 명확하게 만들 수 있는지 도와줄 것이다. 이를 위해서는 다양한 업무방식을 정확히 인식하는 것이 중요하다.

질문 5 : 함께 일하는 것의 놀라운 효과

Strengths Working in Synergy

팀이 최상의 상태에 있을 때, 팀은 종종 기대를 뛰어넘는 결과를 얻고 새로운 지평을 열며, 팀원들로 하여금 인식의 확장, 자신을 뛰어넘는 경험, 자부심 등을 갖게 한다. 이러한 놀라운 시너지는 팀원 개개인이 서로의 보완적인 강점과 재능을 완벽하게 인식하고, 인정하며, 활용할 때 가능해진다. 공유된 목표에 몰입하게 될 때, 팀원들은 그들의 능력을 최대한 발휘할 수 있게 되며, 다른 사람들의 업무에도 기여할 수 있다.

1. 팀원들 모두의 효과성을 높이는 방식으로 당신과 다른 사람들이 각자의 재능을 결합시켰던 때를 설명해보라.

   • 어떤 재능들을 발휘했는가?

   • 서로의 재능을 효과적으로 발휘하도록 만든 요소들은 어떤 것인가?

   • 이러한 시너지를 촉진하였던 당신이나 팀원들의 활동, 그리고 전반

적인 팀 환경은 어떠했는가?

- 이러한 강점들이 개별적으로 발휘되었더라면 팀이 얻지 못했을 것은 무엇인가?

2. 이러한 경험을 통해서 시너지 속에서 일하는 것의 강점에 대해 당신이 배운 것은 무엇인가? 그렇게 높은 수준의 협력과 성과를 얻을 수 있도록 했던 것은 무엇인가?

3. 현재 팀이 당면한 보다 복잡한 도전들 중 하나를 생각해보라.
- 팀이 그 상황에 접근하는 방법을 긍정적으로 변화시키기 위해 당신이 방금 말한 것을 개인적으로 적용할 수 있는가?
- 팀의 다른 구성원들이 서로의 장점과 재능을 결합하여 시너지를 내도록 촉진하기 위해 당신은 무엇을 할 수 있는가?

질문 6 : 새로운 팀원, 성공적으로 받아들이기

Enlarging the team gracefully

팀에 새로운 팀원이 들어오게 되면 팀의 질서와 균형에 변화가 생긴다. 새로운 팀원들을 통합하는 과정은 팀 업무에 지장을 줄 수도 있으며 많은 노력에도 불구하고 통합이 제대로 이루어지지 않을 수도 있다. 통합이 제대로 진행될 경우 기존의 팀원과 새로운 팀원들은 효과적이면서 새로운 리듬에 빠르게 익숙해지고, 과거의 경험으로부터 최고의 것을 이끌어내며, 동시에 팀으로써 함께 할 수 있는 것에 대하여 호기심을 가지고 개방적으로 받아들이게 된다. 새로운 팀원을 빠르게 이해하고, 수용하고, 소중히 여기는 것은 마치 첫눈에 사랑에 빠지는 경험처럼 끝없는 가능성을 창조한다.

1. 새로운 팀원을 성공적으로 받아들였던 최상의 경험에 관하여 생각해보라. 새로운 팀원을 열린 마음으로 받아들일 수 있게 했던 팀원들 및 팀의 특징은 어떤 것이었는가?

   - 기존 팀원들이 새로운 팀원을 자연스럽게 받아들인 것은 팀의 어떤 특성 때문인가?
   - 민감한 부분들을 부드럽고 원만히 치리히였던 때의 그 당시 취했던 구체적인 행동에 대하여 말해보라.

2. 새로운 팀원을 성공적으로 받아들일 수 있도록 당신에게 세 가지 소원을 빌 수 있는 기회가 주어졌다고 가정해 보자. 어떤 소원들을 빌겠는가?

질문 7 : 조용한 사람과 활달한 사람의 조화

Balancing the Skills of Introversion and Extroversion

내향적인 사람은 사적인 공간과 시간에서 편안함을 얻으며, 독자적인 행동과 깊이있는 성찰로부터 에너지를 이끌어낸다. 그에 반하여 외향적인 사람은 사람들과의 직접적인 접촉을 통해서 힘을 얻는다. 어떤 이들은 거의 항상 이 두 가지 반대되는 스타일 중 하나의 극단적인 모습을 보여준다. 또 다른 이들은 기분이나 최근의 사건, 혹은 환경 조건의 변화에 따라 내향성과 외향성의 범위가 바뀌기도 한다.

팀원으로서 생활하다 보면 내향적인 시기를 보낼 때도 있고 외향적인 시기를 경험할 때도 있다. 프로젝트가 복잡할수록 팀은 내향성과 외향성을 유연하게 조절할 필요가 있다.

1. 과거에 팀이 최상의 성과를 얻기 위하여 내향적 행동과 외향적 행동 간의 균형을 맞춰야 했던 사례를 말해보자. 팀원들이 내부적으로 가지고 있는 특질들 간의 균형을 맞추라는 요구를 했을 때일 수도 있고, 전체 업무에서 팀원들 간의 서로 다른 특질들이 균형을 이루도록 의도적으로 조정하는 일이 필요했을 때일 수도 있다.

   - 당시는 어떤 상황이었는가?
   - 어떤 사람들이 연관되어 있었는가?
   - 성공에 기여한 사람(들)의 특질(들)은 어떤 것이었는가?
   - 팀원들의 개인적인 단점을 보완하면서 장점을 지원하는 팀의 분위기는 어떤 것이었는가?

2. 의도적으로 내향성과 외향성이 균형을 이루도록 함으로써 현재 진행 중
인 프로젝트가 얻을 수 있는 이득은 무엇인가? 그러한 균형을 발전시키
기 위해서 구체적으로 무엇을 해야 하는가?

질문 8 : 직관과 감각의 힘 제대로 발휘하기

Optimizing the strengths of Intuitin and Sensing

성공적인 팀은 사실과 직관, 팀의 역사와 미래 가능성이라는 측면들 모두에 확고하게 바탕을 둔 최고의 결정들을 내릴 수 있어야 한다. 감각 능력이 뛰어난 팀원들은 실제적이며 사실과 경험에 확고한 기반을 둔다. 이들은 사물이 존재하는 방식에 대한 숙련되고 정확한 관찰자라 할 수 있다. 반대로 직관력이 뛰어난 사람들은 전체적인 그림을 그리고, 대체로 미래에 대한 가능성에 무게를 둔다.

이렇게 정보를 수집하는 상반되는 접근법들은 서로 충돌하여 팀 내에서 갈등과 혼란을 야기할 수도 있다. 하지만 두 성향 모두 복합적 사고 능력을 가지고 있어 총체적인 결정을 내리는 데 도움이 된다. 성공하는 팀은 팀원들에게 분명한 청사진 없이 혼란 속으로 뛰어들어 그 혼란을 헤쳐 나갈 자유를 부여함으로써 팀원들이 계속해서 냉철하고, 현실적이며, 실행가능한 해결책을 가지고 돌아오게 만든다. 이를 통하여 팀원들은 직관력과 감각 능력을 최적화하는 방법을 학습한다. 팀원들을 격려하고 이러한 능력들을 배양하는 것은 팀의 발전을 촉진하는 추동력이 된다.

1. 팀이 감각 능력과 직관력 중 하나만 선택하여 사용할지, 아니면 계속 번갈아가며 혼합하여 사용할지 고민했던 때를 떠올려 보라. 어떤 일이 있었는지 이야기해보라.

   - 그 프로젝트는 구체적으로 어떤 것이었는가? 업무의 어떤 측면에서 각각의 스타일이 필요했는가?

- 팀원들이 저마다 가진 특징적인 강점들을 구체적으로 이끌어내기 위해서, 혹은 전반적인 팀 사고방식에 변화를 가져오기 위해서 어떠한 방식으로 업무를 진행했는가?
- 팀원 개개인들과 팀 전체가 얻은 성과는 무엇인가?

2. 그 경험을 통해 배운 것은 무엇인가? 감각에 의한 지속적인 정보 수집과 광범위한 직관 모두가 필요한 미래의 프로젝트에 적용할 수 있는 것은 무엇인가?

질문 9 : 사고 및 감정 능력 활용하기

Leveraging the Capabilities of Thinking and Feeling

팀원들이 결정을 내리는 방식은 팀의 발전에 지대한 영향을 미친다. 사고를 선호하는 사람들은 객관성, 지적인 판단, 규칙에 근거한 의사결정을 중시한다. 반대로 감정을 선호하는 사람들은 사람, 정서, 가치, 개인적인 인상에 따라 결정을 내린다. 각각의 의사결정 방식은 저마다의 장점을 지니며, 모두 팀의 중요한 자산이다.

사고 선호자들은 높은 기준과 논리적 분석을 통해 팀이 타당하고 신중하게 검토된 전략을 세우도록 한다. 또 감정 선호자들은 개성있고 열성적인 성향으로 그룹에 생기를 불어넣고 화목한 분위기를 만들어 준다. 바람직한 결정은 사람들의 객관적인 능력과 주관적인 능력 모두를 이용하여 이성과 감성 모두를 활용할 때 나오는 경우가 많다.

1. 현재 팀원들이 결정하고 경험하는 개인들의 다양한 방식들에 대하여 생각해 보라. 팀원들이 저마다 가진 사고 혹은 감정의 강점을 발휘하여 팀 전체에 이익이 되었던 사례에 대해 말해보라.

   • 당시의 상황은 어떠했는가?

   • 누가 어떤 일을 했는가? 어떤 결과를 가져왔는가?

2. 이 두 가지 방식이 함께 잘 작동하는 것을 본 적이 있는가? 아마도 그때는 팀 전체가 한 가지 특정한 방식을 사용하거나 두 방식을 결합하여 사용하자고 명시적으로 논의했던 때일 것이다.

- 팀원들 간 분위기 혹은 전반적인 팀 분위기 측면에서 두 방식이 서로 공존하고 조화를 이루도록 한 요소들은 무엇인가?

3. 이러한 성공적인 조화를 고려하였을 때, 각각의 의사결정 방식에 특히 적합한 의사결정이나 프로젝트는 무엇이겠는가?

질문 10 : 판단 능력과 지각 능력 활용하기

Utilizing the Best of Judging and Perceiving

판단을 선호하는 사람들은 일의 마무리를 중시하기 때문에, 업무를 시작할 수 있도록 결정을 내리는 것을 좋아한다. 이런 사람들은 점점 업무가 완수되는 것에서 큰 만족감을 경험하기 때문에 열정적으로, 그리고 반드시 기한에 맞춰, 목표를 달성하려고 한다. 그에 반해 지각을 선호하는 사람들은 업무 진행 과정에서의 즉흥적인 변화와 일 그 자체를 즐기는 편이다. 이들은 정보를 조사하고 선택을 내리기 위한 탐구에 몰두하며 가능한 선택을 늦추는 경향이 있다.

이러한 차이점이 오해를 낳을 수도 있지만, 실제로는 이 두 가지 성향이 팀의 성장을 극대화시킨다. 성공하는 팀들은 판단과 지각을 최대한 활용하는 방법을 알고 있다.

1. 일 혹은 개인적인 삶에서 위 요소에 대한 당신의 개인적인 선호가 당신과 다른 사람들에게 가능한 최선의 결과를 가져왔던 때에 대해 설명해보라.

2. 이제 본래의 선호를 넘어서 자신을 확장함으로써 더 나은 결과를 얻었던 때를 설명해보라.

3. 당신과 반대되는 성향의 사람과 성공적으로 협력했던 긍정적인 경험들 가운데 하나를 설명해보라.
   - 두 사람의 차이점들이 어떠한 방식으로 모두에게 기여할 수 있었는가?

- 차이점을 활용하기 위해서 당신은 어떠한 전략들을 구사했는가?

- 당신의 전략이 어떻게 작용했는가?

- 훨씬 더 긍정적인 결과를 달성하기 위해서 당신이 더 할 수 있었던 것은 무엇인가?

서로 돕고 힘을 불어넣는 관계 구축하기

    팀원들 간의 대화에 매순간 '참여 규칙'을 적용하는 것은 업무관계의 질을 결정한다. 다음 10개의 질문들은 당신이 협력적 관계의 긍정적인 핵심을 분명하게 파악하고, 긍정적인 팀 분위기를 만들기 위해 그러한 요소들을 강화하도록 도울 수 있다.

질문 11 : 신뢰쌓기

An Environment of Trust

    팀워크를 형성하기 위해서는 팀원들 간의 신뢰가 필요하다. 신뢰가 쌓이면, 팀원들은 서로 의지하고, 협력하며, 업무와 자원을 공정하게 나눠 갖는다. 또 모든 사람들이 참여하는 개방적이고 솔직한 의사소통을 통하여 지속적으로 정보를 공유하게 된다. 성공하는 팀들은 의식적으로 신뢰의 문화를 형성하고 유지한다. 신뢰가 쌓인 팀에서는 팀원 모두가 그것을 느끼며, 모두가 지켜야 할 규범으로 받아들이고, 팀이 진행하는 모든 일의 기초로 삼게 된다.

1. 당신이 현재 소속된 팀이나 과거에 속했던 모든 팀에 대하여 생각해보고, 그 중에서 신뢰의 문화가 돋보였던 한 곳에 대하여 말해 보라. 그 팀은 어떤 팀이며, 그 팀에서 어떤 일들이 이루어졌는지 이야기해보라.
   - 신뢰의 문화는 어떻게 구축되었는가?
   - 팀원들 사이에 신뢰가 형성되었다는 것을 어떻게 알게 되었는가?

2. 신뢰의 문화가 갖는 이점은 무엇인가?

- 팀원들에게 어떤 이득을 주었는가?

- 팀이 진행하는 일에 어떤 이득을 주었는가?

- 조직 전체에 어떤 이득을 주었는가?

3. 현재의 팀이 더 강한 신뢰를 쌓기 위해서 이 팀에서 배울 수 있는 교훈
   은 무엇인가?

질문 12 : 멋진 팀 플레이어 되기

Being a Team Player

팀은 팀 플레이어가 되는 것을 좋아하거나 팀 플레이어로서의 능력이 있는 사람들로 구성될 때 가장 효과적이다. 멋진 팀 플레이어는 다른 사람들과 관계를 맺고, 그들에게 지속적으로 정보를 주며, 함께 결정을 내리고, 책임을 나눠 가지며, 팀원들에게 한 약속을 지키는 것과 같은 스킬을 발휘한다. 또한 팀의 공통 목표를 위해 헌신하는 동시에 개인적인 바람을 실현시키는 능력을 갖고 있다. 본질적으로 팀 플레이어는 협력과 팀워크를 선호한다.

1. 훌륭한 팀 플레이어라고 생각하는 사람에 대해 생각해보고, 그 사람이 자신의 능력을 어떻게 발휘하는지에 관해서 이야기해보라.

   • 그 사람이 훌륭한 팀 플레이어가 될 수 있도록 하는 것은 무엇인가?

2. 팀 플레이어로서 당신의 장점은 무엇인가?

   • 당신이 팀 플레이어로서 가장 뛰어난 자질들을 발휘했던 때에 대해 이야기해보라.

3. 당신이 아이들에게 팀 플레이어가 되는 방법을 가르쳐야 하는 캠프장의 지도원이라면, 무엇을 어떻게 가르칠 것인가?

질문 13 : 용기있는 협력

Courage to Collaborate

협력하는 것이 항상 쉬운 것은 아니다. 때로는 협력할 수 있는 용기가 필요할 때도 있다. 당신의 필요와 욕구가 당신이 협력해야 할 사람의 것과 반대되는 것처럼 보이거나, 서로 공유 할 자원이 충분하지 않을 수도 있다. 혹은 협력하는 데 시간이 부족할 때도 있다. 이러한 때에 당신은 협력하려는 용기를 내야한다. 즉 당신의 필요와 욕구를 다른 사람들과 맞추려는 의지, 전체의 목표를 위한 헌신, 그리고 지속가능한 세상을 창조할 수 있는 유일한 방법이 바로 협력이라는 확신을 보여야 한다.

1. 용기 있게 협력하기로 하고 그 결과가 상당히 긍정적이었을 때에 관해서 이야기해보라.

   - 당시의 상황은 어떠했는가?

   - 협력을 하기 위해 용기가 필요했던 이유는 무엇인가?

   - 그 결과는 어떠했는가?

2. 협력으로 가득한 세상에 대해 상상해보자.

   - 업무는 어떤 것처럼 보이는가?

   - 사람들이 어떤 행동을 하는가?

   - 그들은 어떻게 조직화되는가?

   - 리더십은 어떤 모습을 보이는가?

3. 당신의 팀이 지금 당장 더 효율적으로 변화하는 것에 용기있는 협력이
   어떤 도움을 줄 수 있는가?

질문 14 : 대립에서 협력으로

Transforming Opposition into Collaboration

모든 팀들은 대립을 경험하기 마련이다. 이는 불가피한 것이다. 팀원들 간의 다양성이 클수록 팀 업무는 더욱 복잡해지고 팀원들이 사용할 수 있는 자원은 빠듯해지며, 대립이 발생할 가능성은 커진다. 흥미롭게도 고성과팀들은 다양한 의견, 접근방식, 아이디어, 업무방식을 포함하는 대립 상황에서 더욱 능력을 발휘한다. 팀 안의 대립이 협력으로 바뀔 때 팀의 목표를 달성하고 기대한 결과를 얻을 수 있는 가능성은 더욱 커진다.

1. 대립을 협력으로 전환시켰던 팀에 있었을 때에 대해 이야기해보라.
   - 당시 상황은 어떠했는가?
   - 어떤 대립이 발생되었으며, 그것을 어떻게 협력으로 바꿀 수 있었는가?
   - 어떤 사람들이 그 과정에 관여했고, 어떤 스킬을 활용하여 그 변화를 이끌었는가?

2. 대립을 협력으로 바꾸는 짓이 교과과정에 포함된 학교가 있다고 상상해보라.
   - 어떤 것을 가르칠 것 같은가?
   - 누구에게 가르칠 것 같은가?

질문 15 : 화해와 신뢰회복

Reconciliation and Rebuilding Trust

팀이 최상의 상태에 있을 때, 구성원들은 서로를 믿고 지원한다. 그러나 갈등과 분열, 오해가 이러한 신뢰의 분위기를 방해할 수 있다. 이런 상황에서는 화해가 중요한 역할을 하게 된다. 화해는 신뢰를 재구축하고 관계를 새롭게 만든다. 화해로 인해 팀은 더욱 강해지고 전보다 뛰어난 역량을 갖추게 된다.

1. 화해와 신뢰회복을 경험했던 때에 관해 생각해보라. 그 경험은 현재 당신이 속한 팀에서 있었던 것일 수도 있고 과거 다른 곳에서 경험했던 것일 수도 있다. 그 경험에 관해 이야기해보라.
   - 어떤 사람들이 연관되어 있었는가?
   - 어떤 일이 벌어졌는가?
   - 당신이 조심스러운 부분을 처리하기 위해 구체적으로 한 일은 무엇인가? 다른 사람들은 어떻게 연관되어 있으며, 이 과정이 당신의 인간관계를 어떻게 강화시켰는가?
   - 이 과정을 통해서 당신 자신과 다른 팀원들, 그리고 신뢰에 관해서 배운 것은 무엇인가?

2. 팀원들이 어려움이나 차이를 성공적으로 극복하고, 그 과정에서 신뢰를 회복했던 경험에 대해 이야기해보라.
   - 누가 어떤 일을 했는가?

- 어떻게 했는가?

- 그 효과는 어떠했는가?

3. 앞에서 이야기한 경험들이나 지금까지 경험해왔던 일들을 돌이켜볼 때, 화해와 신뢰에 기여하는 핵심적인 요소들은 어떤 것들인가? 화해와 신뢰가 지속적으로 이루어지기 위해서 당신이 현재 소속한 팀에 적용하고 싶은 핵심적인 능력은 무엇인가?

질문 16 : 팀을 위한 조용한 헌신

Quietly Inspiring Sacrifices for the Team

이따금 팀원 개개인들의 뛰어난 기여가 거의 눈에 띄지 않은 경우가 있다. 주요 직책을 맡고 있지 않거나 의도적으로 주목 받는 것을 피하는 사람들은 남들이 알아주고 인정해야 한다는 필요성을 느끼지 못하며 드러나지 않게 팀을 위해 봉사한다. 바쁜 일상 속에서 이러한 봉사는 주목받지 못하는 경우가 많다. 그러나 이러한 조용한 헌신이 알려지게 되면 팀과 조직 전체가 힘을 얻게 된다.

1. 팀과 조직에 중요하고 긍정적인 기여를 했지만 거의 알려지지 않았던 일에 대해 설명해보라. 누가 그런 헌신을 했는가?
   - 그들이 그런 행동을 하게 된 동기는 무엇인가?
   - 그러한 헌신이 당신과 팀 전체에게 어떤 결과를 가져왔는가?

2. 팀원들의 헌신적인 행동을 증가시키고 조용한 헌신이 팀의 가치가 되도록 하는 이와 유사한 헌신을 팀원들이 보다 잘 알아차리도록 하려면 어떻게 해야 하는가?

질문 17 : 싫은 사람과 팀워크 이루기

Pulling Together When You Want to Pull Apart

팀원들이 스트레스와 어려움을 겪을 때, 팀 내 분열이 발생하는 경우가 있다. 그러나 성공하는 팀은 비록 분열이 발생하고 있더라도 팀워크를 이루기 위한 방법을 모색한다. 이러한 역경을 딛고 통합을 추구함으로써 팀원들은 더 큰 성취와 만족을 얻게 된다. 이처럼 팀워크에는 본질적으로 보상이 따르는 법이다.

1. 진심으로 같이 일하고 싶지 않았던 사람과, 팀워크를 이뤄 매우 긍정적인 결과를 얻었던 때를 이야기해보자.[3]

   - 진심으로 같이 일하고 싶지 않았지만, 그 사람과 팀워크를 이룰 수 있도록 도움을 준 조건들은 무엇인가?
   - 당신이 이러한 어려움을 극복해보자는 결정을 내리면서 스스로에게 했던 말 중 기억나는 것은 무엇인가?
   - 보다 협력적인 마음가짐을 가지도록 했던 변화들 중에서 가장 긍정적이고, 생산적인 변화는 무엇이었는가? 좀 더 협력적인 행동들을 하도록 이끌었던 변화들은 어떤 것들이었는가?
   - 팀워크를 이루도록 도움을 준 외부의 지원에는 어떤 것들이 있었는가?
   - 그 결과는 무엇이었는가?

---

3) 원문에는 'It may have been a situation on a team or with a family member or friend.' 라는 구절이 있었으나 문화적 상황을 고려하여 번역에서는 삭제하였다. - 역자 주

2. 앞에서 이야기한 사례나 그와 비슷한 다른 사례들을 떠올려 볼 때, 완전히 사이가 갈라진 사람들이 서로 팀워크를 이루도록 하는 것은 무엇인가?

3. 팀워크를 이루기 위해서 노력하는 사람들에게 당신이 줄 수 있는 가장 큰 선물 한 가지는 무엇인가?

질문 18 : 팀원에 대해 알아가기

Getting to Know You

훌륭한 팀에 소속된 사람들은 개인적으로 그리고 업무적으로 서로에 대하여 잘 알고 있다. 구성원들이 서로의 관심사와 걱정거리, 가치를 두는 것들에 대하여 알고 있는 팀은 번영하게 된다. 구성원들은 서로의 가족, 취미, 업무 외적인 관심사와 요구, 서로의 대인관계적 강점, 기술적 강점, 팀의 강점 등에 대하여 알게 된다. 서로를 알아가는 과정에서 팀의 유대감이 형성되는데, 이는 팀원들 각자의 관심과 가치, 강점들을 이끌어 냄으로써 서로 쉽게 협력하여 일할 수 있도록 한다. 팀 내에서의 존중, 신뢰, 동료애는 모두 구성원들이 서로에 대해 알아가면서 커진다.

1. 지금까지 살아오면서 팀에서나 그 밖의 상황에서 당신이 정말로 에너지가 넘치고 살아있다고 느꼈던 순간에 관해 이야기해보라. 다른 사람들도 생생하게 느낄 수 있도록 아주 구체적으로 설명해보라.

2. 가장 좋아하는 동료나 친구처럼 가까워진 동료처럼, 지금까지 같이 일하면서 가장 즐거웠던 사람에 대해서 말해보라.
   - 그 사람이 당신의 어떤 점을 알아주고 인정해 주었기에 당신의 삶에서 그토록 중요한 사람이 되었는가?

3. 직장이나 가정 모두에서 당신을 가장 존중하고 가치 있게 생각하는 모든 사람들의 입장이 되어보라. 그 사람들의 눈으로 당신 자신에 대하여

이야기해보라.

- 당신에게 가장 중요한 것은 무엇인가?

- 당신이 가장 좋아하는 여가활동과 취미는 무엇인가?

- 당신의 가장 뛰어난 스킬과 능력은 무엇인가?

- 당신이 그렇게 행동하도록 하는 것은 무엇인가?

질문 19 : 선의의 경쟁을 위한 협력

Competing Cooperatively

끊임없는 경쟁은 미국 문화의 핵심적인 특징이다. 경쟁을 즐기는 사람들은 더 높은 목표를 추구하도록 서로를 격려하기 때문에, 경쟁은 팀에 매우 중요한 가치가 될 수 있다. 이런 형태의 경쟁적 분위기는 팀이 외부 경쟁자들과 경쟁을 할 경우 특히 잘 나타나며, 대체로 생산적인 결과를 낳는다.

그런데 만약 경쟁자들이 업무 파트너일 경우 우리는 어떻게 일해야 할까? 헌신과 집중력을 높이고, 우리의 한계를 넘어서도록 밀어붙이며, 호의를 형성하고, 정해진 업무를 뛰어넘는 높은 성과를 올리게 만드는 선의의 경쟁이 가능한 환경을 만들기 위해서는 어떻게 해야할까? 경쟁의 열기 속에서도 팀원들은 타인을 배려하면서 한 발 더 앞서나가도록 서로를 격려하고, 자신이 가진 모든 역량을 발휘하여 탁월한 성과를 보이는 사람들을 지원하면서 경쟁에서 이기기 위해 노력해야 한다.

1. 자신의 경험이나 들었던 이야기 중에서 경쟁자들이 선의의 경쟁을 위한 협력을 하며 일했던 사례에 관해서 설명해보라.
   - 당시 상황은 어떠했는가?
   - 모두 함께 우수한 성과를 올리기 위한 일에서 팀원들이 경쟁과 협력의 균형을 맞추기 위하여 구체적으로 무엇을 하였는가?

2. 팀원들이 냉철한 경쟁자이면서도 도움을 주는 협력자였던 때가 있었다면 상세하게 설명해보라.

- 그들은 어떤 태도를 보였으며, 어떤 행동을 했는가?
- 모든 일이 마무리된 후, 관계(들)와 프로젝트(들)에서 나타난 결과는 어떤 것이었나?

3. 이제 현재 당신이 소속된 팀에 대해 생각해보라.
- 팀 내의 관계, 혹은 당신의 팀과 다른 조직의 관계에서 경쟁과 협력을 잘 조합하여 이득을 얻을 수 있는 분야는 어떤 것인가?
- 선의의 경쟁을 위한 협력으로 변화할 수 있도록 하기 위해서 당신은 어떻게 하겠는가?

질문 20 : 특별한 협력

Breakthrough Collaboration

사람들은 종종 자신이 가진 재능들을 결합하며 그러한 과정에서 개인의 효과성이 급상승하게 된다. 이러한 특별한 협력은 흔히 사전계획 없이 발생한다. 매우 특별하고 신비롭기까지 한 일들이 거의 우연히 일어나는 것이다.(그러나 완전히 우연에 의해서만 일어나는 것은 아니다.) 이때 구성원들과 팀은 스스로 성장하고, 사람들은 자신이 보다 크고 의미 있는 무엇인가와 연결되는 듯한 느낌을 받는다.

1. 지금까지의 직장생활을 전반적으로 돌이켜 보고, 당신이 이러한 특별한 협력을 경험했던 때를 떠올려 보라.
   - 협력에 의식적으로 기여했던 사람들은 누구였는가? 당시의 놀라운 결과를 달성하는 데 당신과 동료, 목표, 환경은 어떤 기여를 했는가?
   - 우연히 기여를 하게 된 사람들은 누구였는가?

2. 이런 사례와 다른 비슷한 경험들로부터 당신이 깨닫게 된 것을 생각해 볼 때, 협력을 발생시키는 핵심 요소들은 어떤 것들인가?

3. 당신의 팀이 최상의 상태에 있을 때, 협력을 촉진하기 위해 이미 하고 있었던 일은 무엇인가?

4. 협력이 하나의 규범으로 자리 잡기 위해 팀이 추가적으로 해야 하는 일은 무엇인가?

팀 내에서의 계획수립과 의사결정 방식이 명확할 때, 업무가 원만하게 진행된다. 다음에 소개되는 네 가지 질문은 회의와 프로젝트가 원활히 진행되도록 업무 절차들을 향상시키는 요소들을 탐구하기 위한 것이다.

질문 21 : 탁월한 업무완수

Exceptional Follow-Through

탁월한 업무완수란 우리가 무엇을 하겠다고 말한 뒤 실제로 그것을 해내는 것을 의미한다. 이것은 약속한 것을 지키기 위해 필요한 일을 해내는 것을 말한다.

팀원 각자가 뛰어나게 업무를 완수할 때, 개인적 책임과 집단적 책임을 다하기 위하여 팀원들은 서로에게 의지할 수 있다. 무엇이 가능한지 분명할 때, 우리는 최대한의 재능을 발휘할 수 있다. 사람들은 신뢰와 존중 속에서 살아간다. 탁월하게 업무를 완수할 때, 우리는 자부심과 성취감을 맛보게 된다.

1. 당신이나 당신이 속한 팀이 어려움 속에서도 탁월하게 업무를 완수했던 때를 설명해보라. 탁월하게 업무를 완수하는 데 도움을 준 상황은 어떤 것이었는가?

   - 처음에 당신은 어떻게 업무완수에 대한 약속을 하게 되었는가?
   - 업무를 수행하면서 당신은 어떠한 대화를 나누었는가?

- 업무 수행 과정에서 당신과 다른 팀원들은 스스로를 어떻게 관리했는가?
- 당신이 무엇을 할 것인지 말하기 위해, 그리고 말한 것을 실천하기 위해 필요했던 추가적 지원에는 어떤 것들이 있었는가?

2. 앞에서 말한 사례나 당신이 경험했거나 목격했거나 들었던 다른 사례들을 떠올려 볼 때, 탁월한 업무완수를 가능하게 하는 시스템과 업무구조, 프로세스에는 어떤 것들이 있는가?

3. 현재 당신이나 팀이 직면한 도전이나 장애물에 대해 생각해보라. 이 상황에서 앞서 나온 사례들과 동일한 수준의 업무완수를 보인다고 가정할 때, 우리가 얻을 수 있는 가장 긍정적인 성과는 무엇이겠는가? 그 결과를 반드시 얻기 위하여 탁월한 업무완수에 대해 우리가 아는 것을 어떻게 활용할 수 있는가?

질문 22 : 모두가 참여하는 의사결정

Full Voice Decision-Making

최고의 의사결정은 모두가 참여하는 의사결정이다. 모두가 참여하는 의사결정에는 그 결정에 의해 영향을 받는 모든 사람들과 통찰력을 지닌 모든 사람들이 참여한다. 모두가 참여하는 의사결정은 개별적인 의사결정자들이 대화에 참여하여 여러 가지 경험과 아이디어, 생각과 마음, 호기심, 질문, 관심사들을 포함한 그들의 의견을 충분히 개진할 수 있도록 함으로써 이루어진다.

1. 자신이나 다른 사람들에게, 그리고 업무적 측면에서 가능한 최고의 성과를 가져온 의사결정 과정에 참여했던 때를 설명해보라. 그 결정은 현재 소속된 팀에서 내려졌을 수도 있고, 다른 때에 내려졌을 수도 있다.
   - 어떤 상황이었으며, 어떻게 진행되었는가?
   - 참여한 사람들은 누구인가? 그 사람들은 어떤 방식으로 참여했는가?
   - 그 결과는 무엇인가?

2. 이렇게 모두가 참여하는 의사결정이 당신이 지금까지 보았거나 경험했던 다른 의사결정보다 특별하거나 뛰어난 이유는 구체적으로 무엇인가?

3. 당신이 팀 내에서 모두가 참여하는 의사결정을 하나의 규범으로 만들 수 있는 권한을 지녔다고 가정해보자.
   - 당신이 더 해야 할 일은 무엇인가?

- 어떤 부분을 바꾸어야 하는가?

- 당신이 방금 설명한 방향으로 사람들을 단결시켜 이끌고 나아가기 위해서 취해야 할 첫 번째 단계는 무엇이며, 어떻게 해야 하는가?

질문 23 : 답을 내는 회의

Meetings That Make a Difference

회의는 우리의 삶과 업무를 풍요롭게 만들기도 하지만, 더 중요한 일에 써야 할 시간을 빼앗을 수도 있다. 회의가 효과적으로 이루어질 때, 회의는 우리가 팀을 운영하는 방식에 긍정적인 변화를 가져온다. 회의는 우리가 일을 더 잘 할 수 있도록, 그리고 더 효과적이며 더 성취감을 주는 방식으로 할 수 있도록 도움을 준다.

1. 당신이 지금껏 경험했던 회의 중에서 당신 자신이나 당신의 팀, 혹은 성취하고자 했던 일에서 답을 낼 수 있었던 최고의 회의에 대해 설명해 보라.

   - 당시의 상황은 어떠했으며, 그렇게 중요한 성과를 거두었던 회의는 어떤 것이었는가? 그 회의가 당신에게 어떤 의미를 지니는가?
   - 그 결과는 어떤 것이었는가?
   - 그러한 긍정적인 결과가 확산되도록 하는데 이 회의는 구체적으로 어떤 역할을 했는가?

2. 팀에서 놀라운 성과를 거둘 수 있었음에도 불구하고 그러지 못했던 회의에 참여했던 때를 설명해보라. 그 회의에서 큰 성과를 거두려면 어떤 노력을 기울여야 하는가?

3. 앞으로 소속 팀 내에서나 조직에서 열릴 회의가 성과를 거두기 위해 내 일부터 당신이 해야 할 일은 무엇인가?

질문 24 : 전설적인 프로젝트 기획하기

Exemplary Project Planning

탁월한 성과는 우연히 얻어지지 않는 법이다. 탁월한 성과는 팀과 각 사업부문의 우수한 수행과 협력의 결과이며, 이러한 결과는 일반적으로 뛰어난 프로젝트 기획이 이루어질 때 나타날 수 있다. 모범적인 프로젝트 기획은 사람과 자원을 적시적소에 활용하여 기대 이상의 놀라운 결과를 얻는 데 도움을 준다.

1. 당신이 보았거나, 경험했거나, 들어본 것 중에서 팀이나 조직의 성과와 역량을 확실하게 향상시켰던 전설적인 프로젝트 기획 프로세스에 대해 설명해보라.

   - 어떤 상황이었으며, 팀의 업무는 무엇이었나?
   - 기획에 누가 참여했는가? 어떻게 참여했는가?
   - 자원을 어떻게 할당했는가?
   - 업무를 어떻게 규정하고 분담했는가?
   - 기획 과정에서 어떤 문서나 계획이 도출되었다면, 그에 관해 세부적인 것까지 가능한 구체적으로 설명해보라.
   - 지금 생각해 봤을 때, 그 기획 프로세스를 더욱 발전시킬 수 있는 방법이 있다면 무엇일까?

2. 이 사례나 다른 기획 프로세스들을 하나의 양식으로 참조하여, 당신이 생각하는 이상적인 기획 프로세스를 구체적으로 설명해보라.

3. 앞에서 말한 이상적인 기획 프로세스를 소속 팀이나 조직의 더 어렵고 도전적인 프로젝트들 중 하나에 적용한다고 가정해 보라. 그 프로세스를 그대로 적용할 것인가? 아니면 기획을 더욱 심화시킬 것인가?

- 그 기획을 실제로 실시하게 된다면 어떤 차이점이 생길까?
- 우리의 목적이 이 모범적 프로젝트 기획에 충분히 적용되려면 오늘부터 취해야 할 첫 번째 단계는 무엇인가?

리더십의 도전

효과적인 리더십은 팀의 성과를 높이는 초석이 된다. 다양한 리더십 스타일 중에서, 각각의 팀들은 자기 팀의 특징에 가장 적합한 유형을 찾아야 한다. 아래 질문들은 당신의 팀에 가장 잘 맞는 리더십의 유형을 찾는 것을 돕기 위한 것들이다.

질문 25 : 열정을 깨우는 리더십

Inspiring Leadership

리더십은 팀을 형성할 수도 있고, 해체할 수도 있다. 사람들이 공통의 목적을 위해 모일 때, 그들은 리더십을 필요로 한다. 리더십은 한 사람의 것일 수도 있고 여러 명이 공유하는 것일 수도 있으며, 비전을 제시하는 것이거나 행동을 촉구하는 것일 수도 있다. 또한 참여적 리더십도 있고 카리스마적인 리더십도 있다. 사람들이 최고의 강점을 발휘할 수 있도록 열정을 깨우는 리더십은 다양한 형태로 나타나지만 한 가지 확실한 것은 '열정을 깨우는 리더십'은 사람들이 보다 높은 가치를 위해 봉사하도록 한다는 것이다. 그러한 리더십은 공통의 목적을 위해서 자신들의 필요의 욕구, 강점들을 맞추도록 사람들에게 동기를 부여하고 현재 하고 있는 일이 성공할 수 있으며 진정으로 가치 있는 일이라는 희망을 안겨준다.

1. 직장에서든 지역 내 자원 봉사활동에서든 본인의 열정을 깨웠던 리더십을 경험한 사례에 대해 이야기해보라.

- 열정을 깨우는 리더는 한 사람이었는가 아니면 한 팀이었는가?
- 당신의 열정이 깨어나도록 했던 그들의 행동은 무엇인가?
- 당신이 최선을 다하게 된 이유는 무엇이며, 그렇게 만든 사람은 누구인가?
- 그 일은 어떻게 일어났는가?

2. 이러한 경험이 당신이 리더로서 행동하는 데 어떻게 영향을 미쳤는가? 이러한 열정을 깨우는 리더십의 결과로서 당신이 내린 의도적 선택은 무엇인가?

3. 당신은 당신의 현재 팀에 열정을 깨우는 리더십을 더욱 발휘하기 위해서 어떤 일을 할 수 있겠는가?

질문 26 : 임파워먼트!

Shared Leadership

리더십은 다른 사람들을 고취하기 위해서 자신의 희망, 꿈, 열망과 스킬을 공유하는 것이다. 우리 모두는 집단의 미래에 투자하고, 서로를 코칭하며, 높은 차원의 선을 위하여 재능을 활용함으로써 우리의 꿈을 실현시키는 것과 같이 매일 리더십을 공유한다. 공식적으로나 비공식적으로 임파워먼트가 이뤄질 때, 모든 사람들은 활력이 넘치고, 팀 활동에 깊이 참여하여 자신의 능력을 최대한 발휘하게 된다. 높은 성과를 내는 팀과 조직은 창의성을 높이고, 조직의 능력을 배양하고, 수행을 촉진하기 위해서 임파워먼트를 실천한다.

1. 현재 소속한 조직이나 팀에서 경험하거나 목격한 성공적인 임파워먼트에 관한 두세 가지 사례를 설명해보라. 임파워먼트가 공식적으로 이뤄졌던 경우도 좋고, 공동의 목적을 위해 생각이나 아이디어 스킬 등을 비공식적으로 교류하였던 때도 좋다.

   - 당시 상황은 어떠했는가?
   - 누가 어떤 사람들에게 이렇게 임파워먼트를 했는가?
   - 팀이나 조직 내에서 어떻게 임파워먼트가 이뤄졌는가? 그 과정을 효과적으로 만들었던 요소는 요소는 무엇인가?
   - 임파워먼트를 함으로써 최종 '결과물'이 어떻게 개선되었는가? 다시 말해, 임파워먼트가 어떻게 팀이나 조직이 이전보다 더 나은 성과를 얻게 했는가?

2. 소속 조직에서 자신이 '리더'로서 가진 가장 뛰어난 강점들에 대해서
   부끄러워하지 말고 솔직히 이야기해보라.

3. 그러한 강점들이 주변 사람들에게 어떤 긍정적 영향을 미치는가? 미래
   를 향해 나아갈 때 그러한 강점들을 더욱 많이 배양하려면 어떻게 해야
   하는가?

질문 27 : 내가 만난 최고의 리더

Leadership That Brings Cut Your Best

리더십은 사람들의 삶과 직장 생활에 변화를 가져온다. 리더십은 모두가 감탄할 정도의 성과를 이루도록 도와주기도 하고, 때로는 사람들이 타고난 재능과 능력을 발휘하지 못하도록 억제하기도 한다. 리더십이 사람들에게서 최고의 능력을 이끌어 낼 때, 리더십은 우리가 가진 강점을 키우고, 능력을 향상시키며, 심오하고 긍정적인 방식으로 운명의 방향을 바꾸어 놓기도 한다. 이처럼 리더십은 개인과 팀이 놀라운 성과를 이루게 하는 초석이 된다.

1. 직장 생활에서 자신의 능력을 최고로 발휘하여 최상의 성과를 냈던 절정의 순간에 대해 설명해 보라. 이때는 당신이 정말로 살아 있음을 느끼고, 몰입하였으며, 자기 자신과 성과에 대해 자랑스러움을 느꼈을 때를 말한다.
   - 그러한 경험을 할 때 리더십은 어떤 역할을 했는가?
   - 리더나 리더십 활동이 당신의 능력을 어떻게 발휘하게 하고, 당신이 가진 최고의 소명을 달성하도록 도울 수 있었는지 구체적으로 이야기해보라.

2. 현재의 팀이 최고의 상태에 있었던 때를 설명해보자.
   - 그 상황에서 리더십은 어떤 역할을 했는가?
   - 리더나 리더십 활동이 어떻게 팀의 능력을 발휘하게 하고, 집단의

소명을 달성하도록 도울 수 있었는가?

3. 이 사례와 다른 경험들을 되돌아볼 때, 당신과 현재의 팀에서 최고의 것을 이끌어낼 수 있었던 핵심적인 리더십의 자질과 실행 방법은 무엇이었는가?

4. 당신 자신과 현재의 팀에서 최고를 이끌어 낼 수 있는 리더십 역량에 놀라울 정도로 긍정적인 변화를 줄 수 있는 세 가지 소원을 빌 수 있다면, 어떤 것을 말하겠는가?

질문 28 : 마음을 움직이는 리더십

Leadership That Engages the Heart

모든 사람은 특별하므로 모두 리더가 될 수 있다. 어떤 리더들은 분명하고 잘 짜인 계획, 그리고 통찰력 있는 지성으로 새로운 비전과 길을 제시하는 명석함을 발휘하여 사람들에게 영감을 준다. 어떤 이들은 대인관계의 힘을 통하여 사람들의 마음을 이끌고 움직인다. 후자는 다른 사람들의 감정과 요구를 조율하고, 타인과 관계를 맺고, 사람들의 경험과 지식을 인정하는 뛰어난 재능을 갖고 있다. 마음을 움직이는 리더십은 공감과 신뢰, 헌신이라는 강력한 유대감을 형성하게 만든다. 사람들은 자신들이 인정받고 지원 받는다는 느낌을 가지게 되면, 현재 수준을 뛰어넘어 더 자유롭고 열정적으로 발전하고 성장하게 된다.

1. '마음을 움직이는 리더십' 의 능력이 특히 뛰어난 주변 사람에 대해 설명해보라. 함께 근무해 본 사람일 수도 있고, 이야기를 전해들은 사람일 수도 있다.

   - 그 사람은 어떤 사람인가?
   - 그 사람이 보이는 핵심적인 리더십 행동들은 어떤 것인가?
   - 당신이 발전하는 데, 또는 집단이 결정한 목표나 과제를 달성하는 데 특히 도움이 되었던 리더십 스타일에 대하여 설명해보라. 다시 말해, 그 사람의 리더십 스타일이 사람들이 일하는 방식과 그 결과에 어떤 영향을 미쳤는가?

2. 당신이 소속된 팀의 현재 리더십이 최상의 상태에 있을 때, 그 리더십
   이 당신의 마음을 움직이게 하는 방법들은 무엇인가?

3. 팀의 리더십이 당신과 동료들의 마음을 움직일 수 있는 방법에는 무엇
   이 있을까?

팀에 활력 불어넣기

팀으로 일하는 것이 매력적인 가장 큰 이유는 팀이 창출하는 전염성 있는 활력과 정신력 때문이다. 한 명의 개인이 가진 것보다 훨씬 더 큰, 이러한 에너지의 흐름 속에서 일하는 것은 팀원들에게 많은 이득을 가져다준다. 다음의 질문들은 이러한 팀의 정신력을 창조하고 유지하는 요소들을 찾을 수 있도록 해준다.

질문 29 : 떠들썩하게 축하해주기

Celebrations That Reverberate

자신들의 성공을 자축하는 팀은 당연히 더 큰 성공을 거두게 되어 있다. 그리고 이렇게 서로를 축하하는 것은 다른 곳으로도 전파된다. 인정과 축하는 팀원들이 어려움을 극복하고 계속해서 일을 진행할 수 있도록 또다른 활력과 확신을 준다. 팀원들의 기분이 좋아지게 되고, 그 좋은 기분으로 집으로 돌아가거나, 고객과 회의를 하거나, 중요한 협상을 하게 되면 더 나은 결과를 얻을 수 있게 된다.

1. 당신이 속했던 팀에 대해 생각해보고, 그 팀에서 떠들석하게 축하했던 경험에 관해 이야기해보자.
   - 팀에서 어떤 축하행사를 했는가?
   - 그러한 팀의 활동에 대해 팀원들은 어떤 반응을 보였는가?

2. 자신이 인정받고 축하를 받았던 때를 이야기해보자.

  • 어떤 느낌이 들었는가?

  • 그 후 나머지 하루를 어떻게 보냈는가? 당신을 존중해 주었던 사람
    들의 관계는 어떠했는가?

3. 정기적으로 축하 행사를 하는 팀이 있다고 상상해보자. 그 팀은 무엇을
   어떻게 축하할까?

질문 30 : 유대감을 강화시키는 비밀의 언어

The secret Language of History That Bonds

학급, 가족, 여름캠프, 팀 등의 집단에 소속됨으로써 얻는 가장 큰 기쁨 가운데 하나는 공통의 역사를 만들고 즐긴다는 점이다. 함께 행사를 치르고 공통의(그러나 독특한) 경험에 대하여 이야기를 나눔으로써 이해라는 강력한 유대감이 형성된다. 이러한 공유된 경험들은 집단 정체성(팀원들만이 나누고 이해할 수 있는 비밀의 언어)의 일부가 되는 이미지나 메타포를 형성한다. 이러한 이미지들은 사람들을 더욱 친밀하게 하고 자기들만의 언어로 소통하도록 하는 데 활용될 수 있다. 또한 이러한 이미지들은 집단 경험이 끝나고 난 뒤에도 오랫동안 지속되며, 유대감을 유지하는 강력한 끈이 된다.

1. 당신의 팀이 가지고 있는 '비밀의 언어'는 무엇인가? 당신의 본질, 즉 당신이 누구이며, 어떻게 일하며, 당신이 최상의 상태일 때는 언제인지에 대해 알려주는 가장 긍정적인 이야기들은 어떤 것인가?

2. 팀이 최상의 상태일 때, 사람들은 '새로운 팀원들'에게 이러한 비밀의 언어를 어떻게 알려주는가? 당신이 당신의 경험을 공유하고, 미래의 공동 창조자가 될 새로운 팀원을 환영하는 방법은 무엇인가?

3. 지금으로부터 3년 후, 당신은 당신의 팀이 새로운 팀원들과 어떠한 이야기와 이미지들을 공유하길 바라는가? 당신이 상상할 수 있는 가능한 최고의 미래를 반영할 '비밀의 언어'는 어떤 것이 될 것인가?

질문 31 : 관계를 돈독히 하는 농담

Jokes That Bind

유머는 사람들에게 활력을 준다. 유머는 사람들에게 기쁨을 주고 웃게 하며, 절망 속에서도 희망을 발견하도록 도와준다. 특히 농담은 사람들의 관계를 친밀하게 하고, 현실에서의 경험을 강화하거나 재구성한다. 가령 재치 있는 별명은 개인이 지닌 독특한 개성을 다른 사람들이 쉽게 인식할 수 있게 만든다. 공유된 경험에 대한 재미있는 이야기들은 사람들이 함께 웃고 서로 아껴주며 일했던 때를 떠올리게 해준다. 이렇게 관계를 돈독하게 만드는 농담은 팀의 생산성을 더 높이고 팀 분위기를 재미있게 만드는 행동양식이 될 수 있다.

1. 당신의 팀을 한데 묶어 주었던 몇 가지 농담을 말해 보라. 이런 농담은 어디서 나왔는가? 어떻게 해서 이런 농담들이 서로에 대한 사람들의 경험을 강화시키고, 팀의 성과를 높일 수 있는가?

2. 팀원들의 '관계를 돈독히 하는' 농담이나 이야기들의 핵심적인 특징은 무엇인가?

3. 팀원들이 애정과 행복감, 영감을 주는 유머를 하도록 하려면 무엇이 더 필요할까? 어떻게 하면 사람들이 농담을 더 많이 해서 팀원들이 훨씬 더 활력적이고 재미있게 일할 수 있겠는가?

질문 32 : 팀의 스타들을 축하하기
Celebrating Our Stars

우리들 중 많은 사람들은 다른 사람들(심지어 동료들) 앞에서 환한 스포트라이트를 받으며 승리하는 것에 전율을 느낀다. 어떤 사람의 강력한 강점이란 그 사람이 다른 사람들을 주기적으로 앞선다는 것을 말한다. 팀이 이러한 스타들의 성공을 축하할 방법을 찾을 때 팀의 전체적인 성공이 촉진된다. 이런 팀에서는 모든 사람들이 타인의 성공을 진심으로 인정하고 축복하며, 다른 팀원들이 최고가 될 수 있도록 서로 도움을 아끼지 않는다.

1. 어떤 종류의 인정과 축하를 받았을 때 동료나 같이 일하는 사람들로부터 최고의 호평을 받았다는 느낌이 드는가? 어떤 방식의 축하를 받을 때 최고가 되고 싶다는 마음이 생기며, 당신의 재능을 주위 사람들과 자유롭게 나누고 싶은 마음이 드는가?

2. 당신의 팀에서 두세 명의 뛰어난 '스타들'에 대하여 설명해보라. 그들이 지닌 독특한 스킬과 재능은 무엇인가? 그들의 재능이 당신과 다른 팀원들이 매일 하는 업무나 고객을 바라보는 시각을 어떻게 변화시키는가?

3. 지금으로부터 3년 후에, 당신이 속한 팀이 재능을 갈고 닦는 놀라운 능력으로 지역 신문에 기사가 났다고 하자. 그 기사를 쓴 사람은 지난 3년 동안 팀에서 상당한 수의 '스타들'이 배출되었으며, 이 스타들은 팀원들과 깊은 관계를 맺고 팀 전체로부터 지원을 받아 팀에서 일하는

동안 놀라운 성과를 달성했다고 하였다. 이 팀이 팀원들의 '스타성'을
어떻게 축하하고 육성했는지에 대해서 이 기자의 시각에서 이야기해보라.

질문 33: 자부심을 높이는 칭찬

Praise Unleashes the Power of Pride

자부심은 자신의 능력에서 오는 즐거움이며, 자신의 노력이 긍정적인 변화를 가져왔을 때 느끼는 기쁨이다. 자부심은 우리의 능력과 강점에 대해 깨닫게 해주며, 보다 체계적이고 전략적으로 우리의 재능을 발휘하도록 자극한다.

칭찬은 그러한 자부심을 불러일으키는 촉매제 역할을 한다. 칭찬은 사람들이 우리를 주목하고, 가치 있게 여기며, 필요로 한다는 것을 깨닫게 하여 더 많은 힘을 발휘하게 만든다. 결과적으로 칭찬은 개인과 집단의 성과를 증대시킨다. 칭찬은 사람들에게 확신을 안겨주고, 긍정적인 미래로 이끈다.

1. 팀의 동료에게 칭찬을 했거나 자신이 칭찬을 받았던 때를 설명해보라.

- 무슨 말을 했는가?

- 어떤 방식으로 전달했는가?

- 칭찬을 받은 사람에게 즉각적으로 나타난 결과는 어떤 것이었는가? 칭찬을 한 사람에게는 어떤 변화가 있었는가?

- 칭찬이 업무의 진행 과정에 어떤 영향을 미쳤는가?

- 칭찬이 인간관계를 어떻게 변화시켰는가?

2. 자기 자신이나 팀원들, 또는 팀 전체를 생각해 볼 때, 가장 자랑스러운 부분은 어떤 것인가? 당신과 팀원들이 한 일에서 어떤 부분이 가장 가

치 있고 중요한가?

3. 당신과 다른 이들의 삶이 중요한 칭찬을 통해서 어떻게 향상되는가?

질문 34 : 아이디어를 자극하는 호기심

Spirit of Curiosity

정말로 호기심이 고양이를 죽이는 것일까?[4] 고양이는 다른 이들보다
더 멀리 볼 수 있는 나무 위로 올라가는 위험을 감수하며 탐험을 한다. 고
양이는 신체적으로 매우 유연하다. 고양이를 거꾸로 떨어뜨려도 고양이는
언제나 몸을 비틀어 네 발로 땅에 착지한다.

1. 당신이나 팀원들의 호기심이 정말로 넘쳐나서 모든 사람들이 새로운 아
   이디어를 생각해 냈던 때를 설명해보라.

2. 정기적으로 위험을 무릅쓰고 실험을 하는 사람이 되기 위해서 개인적으
   로 어떤 것이 필요한가?

3. 당신의 팀이 매일, 혹은 일상적으로 이러한 아이디어를 자극하는 호기
   심을 유지하기 위해서 필요한 것은 무엇인가?

---

4) 'Curiosity Killed the cat' 이라는 영어권 속담에서 나온 말이다. 이 속담은 지나친 호기심이
   위험을 부를 수도 있으므로 자신과 관계없이 일에 지나친 호기심을 보이지 말라고 경고하는
   표현으로 주로 쓰인다. - 역자 주

다음 질문들은 전반적인 팀 생산성의 기저가 되는 요소들을 조사하기 위한 것들이다. 이 질문들에는 잠재적으로 업무 진행을 방해하는 문제들을 극복하기 위한 방법들이 포함되어 있다.

질문 35 : 원칙에 따른 실행

Disciplined Execution

기대와 결과를 연결해주는 실행은 모든 사람들이 일을 항상 정확하게 제시간에 처리하도록 한다. 원칙에 따른 실행이 강한 팀에서는 개인에게 적합한 일이 할당되고, 이를 수행하도록 만들며, 각 개인의 노력에 대한 보상이 주어진다. 팀원들은 정해진 업무 범위 내에서만 일하기보다는 팀 성공을 위해 일하여, 직무기술서에 명시된 것을 넘어서는 일을 수행한다. 그들은 끊임없는 학습자로서 지속적인 성과 향상에 필요한 모든 지식을 받아들인다.

1. 다른 사람들과 함께 원칙에 따라 일했던 것에 자부심을 느꼈던 때를 설명해보라. 그 당시 상황을 구체적으로 설명해보자.
   - 무엇이 당신을 자랑스럽게 만들었는가?
   - 또 어떤 사람들이 동참했는가?
   - 다른 사람들과 협력하는 동안, 원칙에 따른 실행의 결과로 구체적으로 어떤 일이 있었는가?

2. 내일 팀 전체가 일상적인 업무를 원칙에 입각해서 처리를 했다고 생각
   해보자. 어떤 반복적인 업무에 관심을 두기로 결정했는가?

   - 일상적인 업무가 보다 원칙을 강조한 업무 수행을 통해서 특별한 업
     무로 어떻게 전환되었는가?

   - 서로에 대한 팀원들의 리더십이 이전과 비교하여 어떻게 변할 것 같
     은가?

   - 사람들의 업무와 성과가 어떻게 변할 것 같은가?

질문 36 : 즐겁게 일하고 높은 성과내기
Playful Productivity

예술가들은 놀이와 생산성이 밀접한 연관을 가지고 있다는 것을 알고 있다. 창의적인 행동은 즐거운 탐구와 성과를 중시하는 결과 사이의 특별한 균형을 통해서 가능하다. 성공적인 팀도 놀이와 생산성 간의 균형을 이룰 수 있다. 재미와 호기심, 학습에 대한 개방성은 팀의 생명력과 생산성에 지대한 영향을 미친다. 동시에 결과를 중시함으로써 가능성과 자부심을 높일 수 있다. 이렇게 즐겁게 일하고 높은 성과를 내는 것은 팀원들의 사기를 높이며, 목표를 혁신적으로 달성할 수 있도록 한다.

1. 당신이나 당신의 팀이 신나게 일을 하면서 높은 성과를 낼 수 있었던 때에 관해서 설명해보라. 어떤 상황이었으며, 당신이 성취한 것은 무엇이고, 그 일을 하는 데 어떻게 흥미를 느꼈었는지에 대해 이야기해보라.

2. 누군가 당신에게 즐겁게 일하고 높은 성과를 내기위한 행동 지침을 말해달라고 요청했다면 어떠한 말을 하겠는가?

3. 팀에서 즐겁게 일하고 높은 성과를 낼 수 있게 하는 사람을 알고 있는가?
   - 그들은 어떻게 행동하는가?
   - 소속 팀에 활력을 불어넣고 성과를 높이기 위하여 그들로부터 배울 수 있는 점은 무엇인가?

질문 37 : 피할 수 없다면 즐겨라!

Turning Pressure into Performance

고성과팀은 일도 열심히 하고 놀 때도 열심히 논다. 그들은 중압감이 있을 때에도 계속해서 일을 추진할 수 있다. 그들은 업무 마감, 복잡한 업무, 제한된 자원, 그리고 고객의 요구와 같은 압박 속에서도 성과를 낸다. 그들은 중압감에 직면하여 성과를 이끌어내고, 이를 통해 모두가 혜택을 얻는다. 고객들은 행복해하고, 조직은 목표를 달성하며, 팀원들은 똑같이 도전적인 다른 프로젝트에서도 인정과 보상을 받는다.

1. 무엇이 당신에게 중압감을 주었는지 생각해보고, 그 중압감 속에서도 높은 성과를 얻었던 경험에 관해서 이야기해보라.
   - 당시 상황은 어떠했나?
   - 당신은 무엇을 했는가?

2. 그 일을 하면서 어떤 느낌을 받았는가? 자신과 남들에게 어떠한 이득이 있었는가?

3. 당신의 팀이 정기적으로 중압감이 있는 상태에 직면하게 되고 그 안에서 성과를 내고 있다고 상상해보라.
   - 어떤 중압감들이 존재하는가?
   - 어떻게 하면 그 각각의 중압감 속에서 성공적인 결과를 낼 수 있겠는가?

질문 38 : 실패, 빠르게 극복하기

Rapid Recovery from a Setback

예측하거나 통제하기 어려운 역경이 닥치면, 그로 인해서 사기가 꺾이거나 용기를 잃을 수도 있지만, 반대로 자극을 받거나 그에 도전할 수도 있다. 고성과팀은 매우 실망스러운 일이나 힘든 좌절을 겪은 후에도 신속하게 활력과 집중력을 되찾는다. 이들은 생산적인 행동을 위한 희망적인 가능성과 새로운 방향을 찾아 팀을 재정비한다. 빠를 때도 있고 늦을 때도 있지만, 고성과팀의 팀원들은 실패가 필수적 학습을 촉진하며, 그들이 전보다 훨씬 더 뛰어난 능력을 지니고 미래를 맞이할 수 있도록 돕는다고 생각한다.

1. 팀이 실망스러운 실패를 빠르게 극복했던 사례에 대해 말해보라.

   • 누가 연관되어 있었나?

   • 어떤 일이 일어났는가?

   • 그렇게 빠른 회복을 가능하게 했던 내적 요인과 외적 요인들은 어떤 것인가?

   • 그러한 경험을 통해 팀이 겪은 영구적이고 긍정적인 변화는 무엇인가?

2. 그 상황에서 배운 것을 어떻게 적용할 수 있는가? 당신 자신과 당신의 팀이 최근에 있었던 실망스러운 일이나 좌절을 극복하기 위해서 가장 먼저 취해야 할 조치는 무엇인가?

질문 39 : 최신 테크놀로지 활용하기

Teams Triumphing with Technology

먼 거리에 떨어져 있는 사람들과 아이디어를 신속하게 연결해주는 테크놀로지를 통해서 팀은 10여년 전에는 상상할 수도 없었을 만큼의 폭넓고 깊은 자원들에 접근할 수 있게 되었다. 테크놀로지는 팀의 능력을 크게 향상시키고, 고객의 요구에 더 민첩하게 반응하게 해주며, 어려움에 부딪쳤을 때 이를 쉽게 극복할 수 있도록 한다. 고성과팀은 팀의 목적을 달성하기 위해서 이러한 능력을 강화하는 방법을 알고 있다. 고성과팀은 테크놀로지를 활용하여 성공을 거두는 방법을 알고 있다.

1. 당신의 팀이 현재 사용하는 테크놀로지 중에서 가장 가치 있는 것은 무엇인가? 이러한 강력한 자원을 적극 활용함으로써 당신의 성과를 올리고 삶의 질을 높일 수 있는 방법에는 무엇이 있을까?

2. 테크놀로지를 활용하여 팀 내 대인관계를 보다 건강하고 활력적으로 만들기 위한 세 가지 소원을 빌 수 있다면, 어떤 소원을 빌겠는가?

질문 40 : 적은 자원으로 큰 성과 얻기

Doing More with Less

직장 생활을 하다 보면 일이 잘 풀리는 때도 있고 힘든 시기를 경험하는 때도 있다. 또 조직의 자금이 풍부한 때도 있고 예산을 삭감해야 하는 때도 있다. 그런데 가끔 우리는 적은 자원으로 더 큰 성과를 올리는 우리의 능력에 놀라게 되는 때가 있다. 그때는 우리가 실제로 무엇이 문제인가에 더욱 집중하여 기대 이상의 놀라운 성과를 달성했을 때이다. 이번 질문을 통해서 우리는 이와 같이 부족한 자원을 활용하여 꾸준하고 놀라운 결과를 달성할 수 있었던 최고의 실행 사례들을 발굴할 것이다.

1. 당신이 보거나, 들었거나, 경험했던 사례 중에서 조직이 적은 자원으로 더 많은 성과를 거둘 수 있게 한 창의적인 활동들에 대해 이야기해보라.
   - 그 상황은 어떠했는가?
   - 그러한 변화들을 어떻게 인식하고 실행에 옮겼는가?
   - 그 결과는 어떠했는가?

2. 당신이나 당신의 조직이 적은 자원으로 더 많은 성과를 거둘 수 있게 만든 시스템, 프로세스, 변화 등을 다른 사람들과 함께 실행해가면서 자랑스럽게 느꼈던 때를 설명해보라. 어떤 변화를 만들었는가? 어떻게 만들었는가? 그로 인해 어떤 영향이 있었는가?
   - 당신과 당신의 동료들이 적은 자원으로 더 큰 성과를 이루게 한 당신의 태도, 관계, 부서 간의 지원, 시스템, 구조는 어떠했는가?

- 이러한 노력을 뒷받침하기 위해서는 어떠한 의사소통과 협력이 필요한가?

3. 당신의 팀과 조직이 적은 자원으로 큰 성과를 얻을 수 있도록 하는 방법은 무엇인가? 이를 위하여 부족한 자원들(시간이나 자금 등)을 어떻게 활용할 수 있겠는가?

- 팀과 조직의 재정적 성과를 높이기 위하여 어떤 방식으로 활용할 수 있는가?

- 당신이 제공하는 서비스의 질을 향상시키기 위하여 어떤 방식으로 활용할 수 있는가?

- 전반적인 삶의 질(직장 생활과 직장 외 생활 모두)을 높이기 위하여 어떤 방식으로 활용할 수 있는가?

질문 41 : 모두를 놀라게 한 성공

The Surprise of Success

우리는 항상 성공하기를 바라고 성공을 위해 열심히 일하고 있지만, 가끔씩 우리의 기대와 꿈을 완전히 뛰어 넘는 성공으로 인해 놀라게 되는 경우가 있다. 이렇게 모두를 놀라게 하는 성공은 하나로 똘똘 뭉친 사람들, 재능, 자원, 알맞은 시기, 이 네 가지 요소들이 동시에 작용하여 일어난다. 고성과팀은 기대 이상의 목표를 달성할 수 있는 비범한 방법으로 함께 일함으로써 이런 놀라운 성공을 자주 경험한다.

1. 직장이나 가정, 봉사단체에서 거둔 성공으로 놀랐던 때를 설명해보라.

   - 그 상황은 어떠했는가?

   - 당시 팀원들이나 그들이 다른 사람과 일했던 방식의 어떤 점이 그런 놀라운 성공을 이룰 수 있게 하였는가?

   - 그 결과는 어떠했는가?

   - 함께 일한 사람들은 그 성공으로 어떤 느낌을 받았는가?

2. 지금으로부터 1년이 지나, 현재 일하고 있는 중요한 프로젝트들 중 하나가 '모두가 놀랄만한 성공'을 거두었다고 상상해 보자.

   - 그 프로젝트의 결과는 원래 기대했던 것보다 얼마나 더 뛰어나고 놀라운 것인가?

   - 그 놀라운 성공을 이루는 데 기여한 긍정적인 환경은 어떠한 것들인가?

   - 그렇게 긍정적인 환경을 만들었거나, 만드는 데 영향을 준 팀원들은

어떤 일을 했는가?

• 그러한 놀라운 성공을 위하여 당신의 스킬과 재능, 영향력을 어떻게
활용했는가?

• 미래의 어느 시점에서 되돌아 볼 때, 이러한 성공이 당신이나 당신
의 업무, 인생에 미친 가장 긍정적인 변화는 어떤 것인가?

질문 42 : 나만의 역량과 성공적인 업무방식 발굴하기

Mining Your Assortment of Wirning Styles and Temperaments

사람들은 각자 선호하는 업무 처리 방식을 가지고 있다. 개인들이 선호하는 방식에 따라 일하는 것은 사람들을 좀 더 편하게 만들어주며, 각자의 강점들을 최대한 발휘할 수 있도록 해준다.

팀으로 일을 하다보면 팀원들이 목표에 대해서는 동의하지만, 일을 처리하는 방식에서는 이견을 보이는 경우가 자주 발생한다. 팀원들 각자의 고유한 업무 방식에는 팀 전체의 성과에 기여할 수 있는 특별한 강점들이 있다. 피콜로[5]와 더블베이스는 소리나 생김새가 매우 다르지만, 이 두 악기의 음색은 전체 오케스트라의 소리를 풍부하게 만든다. 이와 마찬가지로 일상적인 팀 생활에서 다양한 업무 스타일은 중앙 무대에 나타났다 사라지며, 끊임없이 변화하는 리듬과 조합에 따라 혼자서 또는 함께 조화를 이루어 나간다. 이렇게 개별적으로 분산될 수 있는 혼란스러운 흐름들이 얼마나 부드럽게 조화를 이루어 가는지가 팀 효과성에 대한 하나의 척도가 된다. 다음 질문들은 업무 스타일이 팀의 경험에 어떤 영향을 미치는지에 대하여 명확히 이해하는데 도움을 줄 것이다. 이렇게 서로 다른 업무스타일이 조화를 이룰 때 발생하는 힘을 정확히 인식하고 평가함으로써 팀은 모든 스타일이 제 역할을 하면서, 서로 부족한 면을 보완해주고, 팀에 기여하도록 할 수 있다.

---

5) 플루트의 음 높이보다 더 높은 음을 얻기 위해 만들어진 목관악기. 원래는 '작다' 는 뜻으로, 많은 나라에서 '작은 플루트' 라는 이름으로 불리고 있다. – 역자 주

1. 당신의 팀 내에서 업무 방식의 차이점들이 특별히 두드러지고, 유용했던 때를 설명해보라.

   • 그 상황은 어떠했는가?

   • 관련된 사람들은 누구였는가?

   • 서로 다른 팀원들의 독특한 업무 방식이 긍정적인 결과를 내는 데 어떻게 기여했는가?

   • 당신과 다른 팀원들이 이러한 차이점들이 가진 가치를 의식적으로 찾아낼 수 있었던 방법은 무엇인가?

2. 앞에서 말한 사례와 과거에 경험했던 유사한 상황들을 돌이켜 볼 때, 팀원들의 업무 방식과 기질에서 가장 긍정적인 측면을 발견하는 데 도움을 주는 가장 핵심적인 요소들은 무엇인가?

질문 43 : 열정에 불 붙이기

Driving Force

열정에 불타기 시작하면, 우리는 현실을 뛰어넘기 위한 에너지와 힘을 얻게 되며 어떤 일이든 투지와 열정을 가지고 임하게 된다. 승리하는 팀 역시 열정이라는 추동력을 통하여 성공을 향해 돌진하게 된다.

1. 당신이 열정을 가지고 목표를 향하여 최선을 다해 노력했던 때를 이야기해보자.

   - 그 상황은 어떠했는가?
   - 어떤 사람들이 연관되었는가?
   - 당신의 열정에 불을 붙였던 힘은 무엇인가? 구체적으로, 팀원들은 어떤 역할을 했으며, 당신이 열정적으로 일을 해나가도록 한 팀 업무의 특성은 무엇인가?

2. 당신의 팀의 미래에 대하여 생각해 볼 때, 어떤 이미지와 가능성이 당신의 마음을 가장 두근거리게 하는가? 이로 인해 당신이 팀 전체를 위해 하는 행동은 어떻게 달라지겠는가?

함께 일하기 위한 의사소통하기

의사소통이란 말 그대로 팀의 혈관과도 같다.[6] 의미를 효과적으로 전달하는 것만이 팀원들 각자가 지닌 강점을 조화롭게 활용하고 그들의 목표를 달성하게 만든다. 의사소통은 너무나 기본적인 것이기 때문에, 우리는 그것을 너무나 당연한 것으로 여긴다. 다음에 소개되는 질문들은 의사소통이 올바르게 기능할 수 있게 하는 방법을 상세히 조사하는 데 도움이 될 것이다.

질문 44 : 감성지능 높이기

Teeming with Emotional Intelligence

세상에 존재하는 복잡하고 어려운 문제들을 해결하기 위해서는 여러 기술이나 지적인 역량들이 요구되지만, 그러한 역량들보다 더 중요한 것이 있다. 바로 감성지능이다. 자기인식, 공감, 자기통제, 명확한 이해력, 확신에 찬 자기표현 등을 의미하는 '감성지능'은 이제 개인의 성공을 예측하는 핵심적 요소로 인식되고 있다.

고성과팀은 감성지능이 풍부하다. 고성과팀의 구성원들은 다른 사람들과 함께 일하고 어울리는 데 자신들이 가진 최고의 지식을 계속해서 제시하며, 힘든 상황을 극복하게 만드는 신뢰와 협력의 관계를 형성한다.

1. 당신의 팀에 부담이 많고 압박감이 심했던 상황에서, 우수한 감성지능

---

6) 여기서 의사소통으로 번역한 communication에는 의사소통이라는 뜻 외에 소통(통신)의 수단
이라는 뜻도 함께 가지고 있다 - 역자 주

을 가진 팀원이 그 상황을 진전시켰던 때에 대해 말해 보라. 예를 들어 그/그들이 명확한 결정을 이끌어 내거나, 새로우면서 훌륭한 전략을 세우는 것을 도왔다거나, 팀원들이 마음을 모아 일을 끝낼 수 있게 했던 사례에 대해 말해보자.

- 그 상황은 어떠했는가?
- 당신이 관찰할 수 있었던 감성지능 면에서 뛰어난 행동은 무엇이었는가? 구체적으로 어떻게 해서 당신이나 다른 팀원들이 혼란으로부터 벗어날 수 있었는가?
- 이러한 행동이 전반적인 팀 효과성을 어떻게 향상시켰는가?
- 이 사례나 다른 유사한 사례를 돌이켜 볼 때, 개인이나 집단의 어떤 요소가 감성지능이 발휘되도록 했는가?

2. 지금으로부터 1년이 지난 시점에, 당신의 팀이 감성지능으로 충만해 있다고 상상해보자. 1년 전과 어떤 점이 유사한가?

- 1년 전과 다른 점은 무엇인가?
- 팀원들 사이에 감성지능 면에서 뛰어난 행동들이 훨씬 더 많이 나타나도록 하기 위해, 당신의 팀이 1년 전에 가장 먼저 취한 조치는 무엇인가?

질문 45 : 마음을 여는 솔직한 대화

Open and Honest communication

팀이란 매우 친밀한 관계가 존재하는 곳이다. 다른 사람들과 긴밀히 일한다는 것, 특히 높은 성과를 올리기 위해 헌신적으로 협력한다는 것은 팀원들이 어떤 사람들이고, 무엇을 알고 있으며, 무엇을 믿고 있는지와 관련된 핵심적이며 세부적인 사항들을 파악함을 의미한다. 사람들은 그들의 생각과 가치, 열정을 팀원들에게 털어놓으며, 다른 팀원들이 그렇게 할 때에도 다정하게 들어준다. 이러한 친밀감과 높은 성과를 촉진하기 위해서는 정기적으로 마음을 여는 솔직한 대화를 해야 한다. 정보가 자유롭게 공유될 때, 사람들은 그들의 강점을 발휘하고 공동의 목표를 향해 나아갈 수 있다.

1. 직장이나 다른 곳에서 다른 사람들과 마음을 열고 진솔한 교류를 함으로써 자부심을 느꼈던 때를 설명해보라.
   - 무엇이 그러한 교류를 가능하게 하였는가?
   - 그렇게 마음을 열게 만들었던 당신 자신이나 그 사람, 환경의 특성은 구체직으로 무잇이있는가?

2. 방어적이거나 부분적인 의사소통에서 마음을 여는 솔직한 대화로 변하게 된 경우, 무엇이 그러한 변화를 가능하게 하였는가? 그러한 변화를 가능하게 만든 것은 당신 자신, 상대방 혹은 당신 주변의 사람들의 어떤 특성 때문이었는가?

3. 팀 내에서 마음을 여는 솔직한 대화의 수준을 높이기 위해서 할 수 있
   는 방안들 중, 팀원들이 동의할 수 있는 세 가지 작은 변화들로는 어떤
   것들이 있겠는가?

질문 46 : 상대의 마음에 귀 기울이기

Listening to Understand

타인이 자신의 말에 귀를 기울이고 온전히 이해해 준다는 것은 인간이 할 수 있는 가장 중요한 경험들 중 하나이다. 사람들이 진정으로 우리의 말에 귀를 기울이며, 우리의 경험을 깊이 이해하기 위하여 자신들의 이야기를 뒤로 밀어둘 때, 그들은 우리의 세상에 동참하게 된다. 적어도 그 순간만은 고립감이 사라지고, 집단에 기여하고자 하는 의지가 커진다. 서로의 마음에 귀 기울임으로써 우리는 각자의 독창적인 생각과 아이디어, 통찰과 재능을 기꺼이 공유하게 된다. 이처럼 상대의 마음에 귀를 기울이는 것은 팀의 성과를 향상시킨다.

1. 진심으로 다른 사람의 마음에 귀를 기울였던 때를 설명해보라.
   - 상대방에게 어떤 행동을 보여주었는가?
   - 당신의 마음 속에서 어떤 말들이 떠올랐는가? 머릿속에 떠올랐던 생각들 중 어떤 것들이 상대방의 말에 그렇게 깊이 집중하는 것을 도왔는가?
   - 그로 인해 어떤 결과가 있었는가? 다시 말해 상대방이 당신에게 어떤 반응을 보였는가?

2. 이제 동일한 의도로 상대방이 당신의 말에 진심으로 귀 기울였던 때에 대해 설명해보라.
   - 상대방이 당신의 말에 귀 기울이고 마음을 이해해 준 것이 당신에게

어떤 영향을 주었는가?

- 그 일이 당신과 그 사람의 관계를 어떻게 변화 혹은 강화시켰는가?
- 상대방을 깊이 이해하기 위해 서로가 했던 행동들은 구체적으로 어떤 것이었는가?

3. 팀원들이 상대의 마음에 귀 기울이는 능력을 키울 수 있도록 세 가지 소원을 빌 수 있다면, 어떤 소원을 빌겠는가?

질문 47 : 다른 생각 하나로 모으기

Snatching Consensus from the Jaws of Dissension

중요한 결정을 앞두고 있는 시점에서의 팀의 분위기는 평상시보다 더 경쟁적으로 변한다. 모든 사람들이 자신들의 주장을 관철시키려 하고, 팀의 의사결정에 영향을 미치고 싶어 한다. 사람들은 초조함을 느끼며, 다른 팀원에게 해가 갈 수 있다는 것을 알면서도 자신의 생각을 지키려 한다. 하지만 어느 순간 이런 호전적 분위기가 협력과 합의로 바뀌는 변화가 일어날 때가 있다. 사람들은 타인의 말에 귀를 기울이고, 건설적인 반대를 받아들이며, 공통의 목표와 관점을 추구하게 된다. 잿더미 속에서 불사조가 날아오르는 것처럼 의견 충돌의 문턱에서 극적으로 서로 다른 생각들이 하나로 모아지게 되는 것이다. 그렇게 되면 모든 사람들은 자부심을 느끼고 결과에 기여했다는 뿌듯함을 가지며 팀에 대한 강렬한 소속감을 갖게 된다.

1. 의견 충돌의 문턱에서 서로 다른 생각을 하나로 모을 수 있었던 팀의 사례를 이야기해보자.

   - 그 상황은 어떠했는가?
   - 당시 팀이 합의로 돌아서게 하는 데 당신이나 다른 팀원들의 행동 혹은 팀의 규범이나 관행이 어떤 영향을 주었는가? 그러한 분위기는 어떻게 유지되었는가?

2. 현재 당신의 팀에서 팀원들 간에 논쟁이 되고 있는 결정사항에 대해 생

각해보라.

- 당신의 팀이 심사숙고를 거쳐 굳건한 합의에 도달하기 위해서는 어떻게 해야 하는가?
- 서로 다른 생각을 하나로 모으기 의해서 당신은 구체적으로 무엇을 해야 하는가?

질문 48 : 다른 팀과의 긴밀한 협력

Seamless Cross-team Collaboration

오늘날의 조직 환경에서 팀 간의 협력은 받아들여야만 하는 현실이다. 업무가 복잡해지고 직무 간 상호의존성이 커지면서 다른 팀과의 협력은 필수가 되었으며, 꼭 그런 상황이 아니더라도 다른 팀과의 협력은 사람들이 조직 전체에 걸쳐 서로 효과적으로 일할 수 있게 한다는 점에서 매우 중요하다.

고성과팀은 이러한 필수적인 협력을 긴밀하게 유지한다. 즉 모든 사람들이 원만하고 완전하게 의견을 주고받으며, 다른 사람들의 지식과 재능을 찾아내고 이를 더욱 향상시키는 분위기를 만든다. 이는 마치 팀의 경계가 갑자기 확장되고 팀의 능력이 향상되어 일시적으로 팀이 확대되는 것과 같은 효과를 발휘한다.

1. 현재 소속된 팀이나 다른 조직에서 다른 팀과의 긴밀한 협력을 경험했을 때에 대해 설명해보라.

    - 어떤 사람들이 관여했는가?

    - 어떻게 진행되었는가?

    - 이런 협력이 중요해지고 필수적으로 된 이유는 무엇인가?

2. 어떤 시스템이나 관행, 개인적인 능력이 이런 경험을 성공적으로 이끌 수 있었는가?

    - 특히 서로의 관계를 원활하게 하고, 의사소통이 충분히 이뤄지도록 하기 위해 당신의 팀원들은 어떤 일을 했는가?

    - 두 팀은 필요한 자원을 어떻게 통합했는가?

제 4 장

긍정적 팀 개발: 자기주도적 AI

모든 팀에는 잠시 활동을 멈추고 과거에 대한 성찰을 해야 하는 시기가 온다. 이때 구성원들은 그들이 지금까지 해 왔던 것에서 교훈을 얻고, 팀이 어떻게 나아가고자 하는지 결정을 내려야 한다. 이러한 활동은 팀의 발전을 위한 기회이다. 즉, 팀이 어떻게 운영되어야 하는지, 팀이 왜 존재하는지, 어떻게 하면 팀의 목표를 더 잘 이행할 수 있는지에 대해 서로 머리를 맞대고 생각해 봄으로써 팀의 발전을 꾀할 수 있다.

팀 발전의 필요성은 팀이 새롭고 흥미로운 기회를 맞이하여 새로운 발걸음을 떼기 전에 전열을 정비하고자 할 때 생길 수 있다. 팀이 큰 성공을 거두었거나 어떤 일을 성취한 후에 팀원들이 '이제 어떻게 할까? 여기서 어디로 가야 할까?' 와 같은 질문을 묻기 시작할 때, 혹은 팀에 새로운 인원이 들어와서 역할과 책임을 새롭게 규정해야 할 때도 마찬가지이다. 또는 그저 단순히 '우리가 일을 더 잘 할 수 있을 것 같다.' 는 느낌에서 출발하기도 한다.

어떤 필요성에 의한 것이든, 팀의 발전은 자연스러운 과정이다. 비즈니스, 서비스, 스포츠, 예술 분야에서 효과적으로 기능하고 있는 팀들은 자신들이 하고 있는 것으로부터 학습하고, 향후 더 잘 하는 것에 집중하기 위한 시간을 갖는다. 팀은 인간관계의 집합이기 때문에, 모든 인간관계와 마찬가지로 팀도 의식적인 탐구와 대화를 통해서 성장한다.

이 장에서는 긍정적 팀 개발을 위한 개관을 하고자 한다. 긍정적 팀 개발 프로세스는 당신이 이 책에 실린 긍정 질문들을 활용하고, 팀의 최고의 실행 사례, 핵심적 긍정 요소 및 미래 비전에 관한 AI를 실행하도록 돕기 위해 설계되었다. 이 책의 질문들을 활용함으로써, 당신은 팀원들이 가진 최고의 능력을 끌어내고 긍정적 미래에 함께 집중하도록 하는 팀원들 간 대화를 촉진할 수 있을 것이다.

이 프로세스를 활용해야 할 때

이 프로세스는 다음 상황에서 유용하게 활용할 수 있다.

- 당신의 팀이 이제 막 중요한 업무를 완수했으며, 이를 보고하고 그 성공으로부터 교훈을 얻고자 할 때
- 최근 팀에 새로운 구성원이 들어왔을 때
- 새롭고 도전적인 업무가 주어졌으며, 이를 완수하기 위한 팀을 조직해야 할 때
- 당신의 팀이 갈등을 겪고 있을 때
- 당신의 팀이 다른 팀이나 부서, 부문과 협력적으로 일하기 위한 조치를 취해야 할 때
- 당신의 팀이 고객에 집중하고, 현재 팀의 업무와 운영방법을 재설계해야 할 때
- 당신의 팀이 상당 기간 열심히 일해 왔으며 축하할 시간이 필요할 때

이 과정은 당신이 직접 실시할 수도 있지만, 어떤 상황에서는 퍼실리테이터가 진행하도록 할 수도 있다. 만일 당신의 팀원들이 서로 원활히 협력한다면(예를 들어, 팀원들이 서로 허심탄회하게 이야기를 나눌 수 있고, 반대되는 의견도 존중하는 편안한 분위기라면) 이 과정을 팀이 직접 실시할 수 있을 것이다. 팀이 직접 실시하는 것에 팀의 모든 사람들이 동의한다면, 당신은 최고의 실천 사례들을 팀원들과 공유하고 성찰해봄으로써 긍정적인 변화를 경험하게 될 것이다.

팀이 이 과정을 통해 최상의 긍정적 경험을 하기 위해서는, 다음 세 가지 역할을 할 사람들을 선정하는 것이 좋다.

1. 토론의 리더: 토의 안건을 관리하고, 주제와 관련된 논의가 이어지도록 하며, 모든 사람들에게 발언 기회를 준다.
2. 시간 관리자: 시간을 점검하고 집단이 논의를 정해진 시간 안에 진행할 수 있도록 한다.
3. 기록자: 토의를 진행하면서 생기는 중요한 결정과 약속 사항, 실행 계획을 기록한다.

퍼실리테이터가 필요할 때

퍼실리테이터는 팀원은 아니지만 회의를 이끌도록 합의된 사람들을 의미한다. 숙련된 퍼실리테이터는 회의에 참여한 모든 사람들이 의미를 가질 수 있도록 하며, 흥미를 느끼도록 하고, 모든 사람들이 동등한 발언시간을 갖도록 한다.

당신의 팀이 현재 갈등이나 중요한 변화를 겪고 있는 상황이라면 퍼실리테이터가 이 과정을 이끌도록 하는 것이 바람직하다. 숙련된 퍼실리테이터는 팀이 "거친 물살"을 이겨내고 팀의 조화와 높은 성과를 이루도록 도와줄 것이다.

긍정적 팀 개발 과정

자기주도적 AI 프로세스의 열 단계는 다음과 같다.

1단계: 질문의 선택 및 적용

2단계: 인터뷰 대상 및 진행자 선택

3단계: 긍정인터뷰 실시

4단계: 팀 전체의 자료와 이야기 공유

5단계: 팀의 핵심적 긍정 요소 맵핑

6단계: 팀의 미래 상상하기

7단계: 팀의 목적 명확화

8단계: 팀의 원칙 만들기

9단계: 팀 내 역할, 관계, 책임 명확화

10단계: 다 함께 축하하기

이 10단계 프로세스는 팀의 개발을 돕기 위하여 설계되었다. 팀의 개발은 팀원들이 서로를 알아가는 과정을 통해서 시작된다. 팀원들은 업무적으로나 개인적으로 서로를 알아가면서 유대감을 형성하고 하나의 팀으로서의 정체성을 공유하게 된다. 또한 이 과정에서 팀원들이 나누는 언어는 '나'에서 '우리'로 바뀌고, 팀은 팀원들의 단순한 총합보다 더 큰 의미를 갖게 된다. 1단계에서 5단계는 이러한 팀의 개발 과정에 도움을 줄 것이다.

'우리'라는 인식을 갖게 되면서 팀원들은 팀과 서로에 대한 책무를 점검하게 된다. 팀원들은 일이 왜 그러한 방식으로 처리가 되었는지에 대해 질문을 던진다. 이러한 질문을 통해 팀은 명확한 목표를 갖게 되고, 일을 어떻게 처리해야 하는지에 대한 원칙을 갖추게 된다. 마찬가지로, 팀원들은 팀과 이해관계자들의 역할과 책임, 관계 등을 규정하려 할 수도 있다. 6단계에서 9단계는 이러한 팀 발전의 핵심적 요구를 충족시키는 데 도움을 줄 것이다.

그리고 당연한 말이지만, 모든 성공적인 팀들은 팀 내부의 대화에서 긍정 대화와 부정 대화의 비율이 5:1가 되어야 한다. 10단계는 팀의 성공을 자축하고, 지속적인 축하가 이루어지도록 하는 창의적 방법을 발견할 수 있게 하고, 팀이 긍정적인 자세를 유지하는 것에 도움을 줄 것이다.

이 프로세스의 모든 단계들이 중요하지만, 팀의 상황에 따라 특정 단계가 다른 단계들보다 더 적절하거나 중요할 수도 있다. 팀의 필요에 따라 이 단계들을 자유롭게 적용하라. 어떤 단계를 적용하든지 긍정인터뷰로 시작해야 함을 명심하라. 질문은 이 책에 실린 것을 사용할 수도 있고 팀에서 당신이 만든 질문들을 활용할 수도 있지만 언제나, 항상, 늘 긍정인터뷰로 시작해야 한다.

1단계 : 질문의 선택 및 적용

인간이 만든 모든 시스템과 마찬가지로, 팀은 그들이 배우고, 질문하고, 분석하고, 논의하는 방향에 따라 움직인다. 따라서 당신의 탐구와 팀 개발 프로세스를 이끌 질문들을 선택하는 것은 매우 중요한 첫 단계이다.

질문을 선택할 때는 그 관점을 '팀의 문제점이 무엇인가'에서 '당신이 알고자 하는 것'이나 '팀을 개발하는 데 필요한 것은 무엇인가' 등으로 전환할 필요가 있다. 예를 들면, 팀의 갈등을 해결하기 위하여 노력하기보다는 더 큰 협력을 이끌 수 있는 방법들을 찾는 질문을 선택해야 한다. 이직률의 원인을 진단하기보다는 의미 있게 팀에 참여할 수 있도록 지원하는 조건들을 확충하는 방법을 탐구해야 한다. 사기가 낮은 문제를 해결하기 위하여 노력하기보다는 높은 성과를 얻을 수 있는 근본 원인을 발견하도록 도와주는 질문들을 선택해야 한다. 문제점에서 가능성으로 관심을 변화시킴으로써 활력과 흥분을 유지할 수 있고, 팀의 지혜와 능력을 증대시킬 수 있다. 질문들을 주의 깊게 선택하고, 팀에서 더 필요로 하는 특성에 집중하라.

우리는 당신의 팀에 속한 모든 구성원들이 이 책에 실린 48개의 질문들을 읽고, 자신이 바라는 팀을 가장 잘 나타내 주는 두 개의 질문을 선택할 것을 권한다. 팀원들이 선택한 각자의 질문들을 서로 공유하고, 왜 그 질문들이 팀의 발전에 기여할 것이라고 생각하는지 설명하도록 하라. 각 팀원들의 의견을 모두 들은 뒤에는, 어떤 것이 서로 겹치는지 표시하고 가능성의 목록으로 범위를 좁혀보자.

효과적인 탐구를 위해서는 세 가지에서 다섯 가지의 질문이 필요하므로, 팀이 스스로 목록을 줄여나가도록 해야 한다. 팀원들에게 몇 가지 질문들과 그 질문들이 무엇을 의미하는지 이야기할 시간을 주고, 어떤 질문이 보다 적절하고 유용하다고 생각하는지 공유하도록 하라. 그리고 몇 개의 질문이 남았는지 확인해보라.

마지막으로 투표를 통하여 목록을 줄일 수도 있다. 팀원들에게 세 번의 투표기회를 주고 팀의 미래를 위해 가장 중요하다고 생각하는 세 가지 주제에 표를 던지도록 하라. 세 개에서 다섯 개의 주제가 남을 때까지 이 과정을 여러 번 반복하라.

일단 팀의 긍정적인 개발 과정을 이끌 수 있는 세 가지에서 다섯 가지의 질문들을 선택한 후, 그 질문들이 팀의 목표와 상황에 적합한지 재검토하고 필요하다면 질문이 표현된 방식을 가다듬을 필요가 있다. 그런 다음 5장을 읽고, 확정된 질문들을 활용하여 인터뷰 가이드를 만들라.

자, 이제 인터뷰 가이드를 다시 살펴보라. 질문들 간의 균형이 잘 이루어지는지 확인하라(예를 들어, 긍정적인 과거의 경험, 성찰, 의미 도출, 팀의 미래에 대한 희망과 꿈). 수집된 정보와 이야기들은 과거에 있었던 최상의 경험들을 바탕으로 하는 팀의 핵심적 긍정 요소를 파악하는 데 활용될 수 있으며, 미래에 대한 희망과 꿈을 바탕으로 팀의 목적을 세우고 원칙을 설정하도록 해 준다.

2단계 : 인터뷰 대상 및 진행자 선택

질문을 선택한 뒤에는 누구를 인터뷰 할지 결정해야 한다. 당신은 모든 팀원들을 인터뷰하고 싶을 것이다. 이에 더해 우리는 팀원들이 팀 외부의 사람들과 인터뷰 하는 것을 권한다. 자신의 팀과 정기적인 소통을 하는 외부 이해관계자들은 당신의 팀과 팀의 강점, 개발 가능성에 대한 소중한 견해를 가지고 있을 것이다.

어떤 이해관계자들과 인터뷰를 할지 결정하기 위해서 가치 사슬-당신의 팀의 업무를 위해 가치를 제공하거나, 그 업무를 통해 가치를 얻고 있는 모든 사람들-의 지도를 그려보라. 예를 들어, 상품개발팀의 경우를 들어보자. 이 팀의 가치 사슬에는 엔지니어링, 자재관리, 원자재 공급자, 고객, 마케팅과 세일즈, 고위 경영진과 같은 사람들이 포함될 것이다. 한 팀으로서 가치 사슬에 대해 토의해 보고, 인터뷰 할 각 이해관계자 집단의 대표를 뽑아보자.

인터뷰 대상을 결정한 다음에는 누가 인터뷰를 진행할지 결정해야 한다. 긍정인터뷰는 직무나 직급을 뛰어넘어 관계를 맺고 지식을 공유하도록 하는 뛰어난 방법이다. 긍정인터뷰는 교차 훈련[7]의 경험을 하도록 해 줄 뿐 아니라, 팀원들이 일상생활에서 마주치는 어려움들을 이해하도록 하는 데 도움을 준다. 때문에 팀원들이 평소에 함께 일하지 않는 이해관계자들과 인터뷰를 진행하는 것을 권한다.

모든 팀원들은 다른 팀원들과 적어도 한 번의 인터뷰를 진행해야 한다. 마찬가지로 이해관계자 인터뷰를 한다면, 모든 팀원들이 적어도 한 명의

---

7) 교차 훈련cross training은 한 팀의 구성원이 다른 팀의 업무를 할 수 있도록 교육시키는 것을 의미한다. 교차 훈련은 구성원들이 조직의 업무 전반에 대해 알 수 있도록 하여 다른 부서에서 하는 일에 대한 이해를 높여주고, 팀을 이동하더라도 쉽게 적응할 수 있도록 하며, 처리할 수 있는 업무영역을 확대시켜 결근이나 갑작스러운 상황 등에 대응할 수 있는 조직의 융통성을 증가시킨다. 또한 교차 훈련을 통해 구성원들이 자신의 업무 수행 방법들에 대해 지속적으로 재평가하게 되므로, 결과적으로 조직 전체의 비효율적인 업무수행 방법 및 진부한 기술, 관료적 경향이 개선될 수 있다. - 역자 주

이해관계자들과 인터뷰를 진행하도록 해야 한다. 모든 팀원들에게 동일한 인터뷰 기회를 주는 것은 이후 단계에서 인터뷰 자료와 핵심 교훈들이 공유될 때 모든 팀원들이 동일한 분량의 의견을 낼 수 있도록 하는 데 중요한 역할을 한다.

3단계 : 긍정인터뷰 실시

이제 인터뷰 대상자들의 목록과 누가 누구를 인터뷰할지에 대한 계획이 마련되었으며 이를 바탕으로 팀원들은 인터뷰를 진행하게 된다. 긍정인터뷰는 가치를 발견하고, 학습하고, 관계를 구축하기 위한 훌륭한 기회를 제공한다. 사람들은 과거에 이룩한 성공담을 떠올리고 미래에 대한 희망과 꿈을 공유하는 것을 즐긴다. 이 책에서 소개된 것과 같은 긍정적인 질문들을 받게 되면, 사람들은 자신에게 가장 중요했던 사건들을 공유하는 것을 편안하게 여긴다. 따라서 긍정인터뷰는 인터뷰를 받는 사람이나 하는 사람 모두에게 활력을 준다.

긍정인터뷰는 질문의 수에 따라 소요되는 시간이 달라진다. 평균적인 인터뷰는 대략 45분에서 60분 정도가 걸리고, 인터뷰 후 정리하는 시간이 약 5분에서 10분 정도 소요된다. 인터뷰 하는 사람과 받는 사람 모두 시간에 쫓기는 기분이나 압박감을 받지 않도록 충분한 시간을 배정해야 한다. 효과적인 긍정인터뷰는 정보와 지식의 수집뿐 아니라, 스토리텔링과 관계 구축의 경험으로서도 중요한 의미를 지닌다. 이를 위해서는 탐구의 정신을 가질 수 있는 편안한 분위기가 필요하다.^{미주10}

탐구의 정신

긍정인터뷰의 가장 중요한 특징은 탐구의 정신, 즉 인터뷰 대상의 말에 귀를 기울이고, 그로부터 배우려는 의지이다. 오하이오 주립대학의 쳇 볼링Chet Bowling 교수는 다섯 살 된 어린 아이가 지닌 열린 마음과 활달함, 순간의 생기를 가지고 인터뷰를 진행하는 것이 가장 좋은 긍정인터뷰라고 말한다. 긍정인터뷰를 진행할 때, 호기심 많은 다섯 살의 아이의 시각으로 인터뷰를 진행해보자.

이야기에 집중하기

반드시 기억해야 할 또 다른 중요한 요소는 이야기를 중심으로 해야 한다는 것이다. 인터뷰 진행자로서 당신이 집중해야 할 점은 이야기가 나올 수 있는 편안한 분위기를 만드는 것이다. 세심한 경청과 공감은 인터뷰 대상자로부터 최고의 경험을 이끌어낼 수 있다. 인터뷰 진행자로서의 역할은 인터뷰 대상자들의 이야기를 끌어내고 듣는 것이지, 자신의 이야기를 말하는 것이 아니라는 점을 기억하라. 인터뷰 진행자로서의 역할은 질문을 던지고, 상대의 이야기를 들으며, 더 깊이 알기 위한 후속 질문을 던지고, 더 많이 듣는 것이다. 후속 질문은 그 이야기의 보다 구체적인 내용을 알아낼 수 있도록 하는 것이어야 한다. 예를 들어, 후속 질문에서는 누가 무엇을, 언제, 누구와 함께 했으며, 그 결과는 무엇인가에 대해 묻는다.

메모를 할 것인가 말 것인가?

인터뷰를 하는 동안 상대방이 말하는 내용 중에서 핵심적인 이야기, 아이디어, 인용구를 기록하는 것이 중요하다. 메모를 하는 것과 주의 깊게 듣는 것을 동시에 할 수 있다면, 그렇게 하라. 그러나 메모하는 것이 신경이 쓰인다면, 인터뷰 도중에 핵심단어만 기록하고 나중에 다시 풀어서 쓰는 것이 좋다.

4단계 : 팀 전체의 자료와 이야기 공유

팀의 인터뷰가 모두 끝나고 나면, 함께 모여서 각자 배운 것을 공유하고 그 의미를 이해하는 시간을 가진다. 이때 핵심적인 이야기들을 서로 나누고, 그 이야기들이 의미하는 바가 무엇인지에 대한 각자의 해석을 공유하게 된다.

자료를 공유하는 시간에는 최소한 두 시간이 필요하며, 때에 따라 네 시간 이상이 걸릴 수도 있다. 팀의 규모가 크고 인터뷰를 많이 할수록 자료를 공유하고 의미를 파악하는 데 더 많은 시간이 걸린다.

이 단계는 팀원들 각자가 자신이 가지고 있는 자료를 서로 공유하는 것으로 시작하는데, 이 때 언쟁이나 논의를 하지 않는 것이 중요하다. 토의 리더, 시간관리자, 기록자들을 활용하여 모든 팀원들이 계속해서 공유에 참여하고 비교적 동등한 발언시간을 가질 수 있도록 해야 한다.

이 때 팀원들이 인터뷰 질문 하나하나에 대한 답변을 공유할 수 있다. 이 방법을 선택한다면 사람들이 이야기를 나누는 동안 기록자가 플립차트에 핵심 요점들을 기록하도록 할 수 있다. 모든 자료와 이야기를 공유한 다음에는 전체가 토의하여 1) 더 필요한 대화, 2) 내려야 할 결정, 3) 필요한 행동이 무엇인지 찾도록 한다.

또 다른 방법으로 각 인터뷰 진행자들이 그들이 인터뷰한 자료를 사전에 종합하여 이를 전체 팀에게 보고하게 할 수도 있는데, 이 방법이 더 수월할 수도 있다. 인터뷰 자료의 종합은 다음의 항목에 따라 하도록 한다.

- 인터뷰에서 가장 놀라웠던 것
- 팀이 가진 최고의 강점
- 가장 많이 용기를 북돋우고 마음이 끌렸던 이야기
- 팀의 미래에 관한 가장 대담한 비전

어떤 방식을 택하든지 간에, 팀원들 모두가 인터뷰에서 배운 내용을 공유할 충분한 시간을 갖도록 하는 것이 중요하다.

향후 취할 행동이나 명확한 변화를 얻기 위한 아이디어들에 대하여 서둘러서 토의하려는 유혹을 피해야 한다. 그렇게 되면 스토리텔링과 관계 구축 과정에서 생기는 이익들을 얻지 못할 수도 있다. 그보다는 모든 사람들의 아이디어들을 차트에 기록하고, 다음 프로세스에서 그에 대해 토의할 수 있게 남겨두는 편이 낫다.

5단계 : 팀의 핵심적 긍정 요소 맵핑

효과적 팀은 강점에 기초한다. 효과적 팀은 팀의 강점이 무엇인지 정확히 파악하고 있으며 이를 최대로 활용하기 위하여 업무를 조직화 한다. 이러한 방향으로 당신의 팀을 이끌기 위해서는 여기에 제시된 방법이나 직접 선택한 또 다른 방법을 활용하여 팀의 핵심적 긍정 요소들을 파악하는 것이 필요하다.[미주11]

팀원들과 공유한 모든 인터뷰 자료와 이야기들에 대하여 깊이 생각해보는 것부터 시작하라. 팀원들과 함께 팀이 가진 모든 장점, 자산, 자원, 잠재력들의 목록을 만들라. 어떤 것도 그냥 넘기지 말라. 팀이 지닌 모든 좋은 특성들을 파악할 때 가능한 종합적인 관점을 유지해야 한다.

팀이 지닌 가장 긍정적인 특성들이 목록으로 만들어지면, 핵심적인 긍정 요소들을 창의적인 상징을 활용하여 이미지로 표현해보라. 예를 들어, 소규모 회사의 리더십 팀은 그 팀의 긍정적 특징을 꼬마 코끼리로 표현했다. 이러한 이미지는 알차고, 기운차며, 민첩한 이미지, 즉 규모가 큰 경쟁 회사보다 재빠르게 움직이면서도 확실한 서비스를 제공할 수 있는 자원과 강점을 지니고 있다는 이미지를 전달한다. 또 다른 팀은 '핵심적 긍정 요소 파이'를 그림으로 그리고, 자신들이 지닌 강점, 자원, 자산들을 활용하여 성공을 이뤄내는 요리법을 적기도 했다.

팀의 긍정적인 특징들에 대해 토의하고 표현하는 것은 팀의 효과성을 향상시키는 활동에서 매우 중요한 단계이다. 팀의 강점이 무엇이라고 생각하는지 모든 팀원들의 의견을 들어보는 시간을 갖고, 팀이 무엇을 잘 하는지 확인해 보는 시간을 즐기는 것이 좋다. 잘 되고 있지 않은 부분에 대한 이야기는 피하라. 핵심적 긍정요소에 집중하는 것은 팀원들이 라포[8]와 안전망을 구축하도록 하여 향후의 어려움이나 불만족스러운 점들에 대해 토의할 때 사람들이 보다 편하게 말할 수 있게 한다. 팀의 핵심적 긍정요소를 표현하여 긍정적 토대를 형성하는 것은 당신의 팀이 단기 및 장기적인 성공을 거두는 데 도움을 줄 것이다.

---

8) 라포: 두 사람 사이의 신뢰관계 ─ 역자 주

6단계 : 팀의 미래를 상상해보기

　지금까지 팀의 강점을 발굴하고 토의하였으며 핵심적 긍정요소를 표현해 보았으니, 이제는 토의의 방향을 미래로 옮길 차례이다. 이를 위하여 팀의 미래에 관해 수집한 자료를 검토하거나, 팀에 대한 당신의 가장 큰 희망과 꿈, 바람들에 대해 공개적으로 토론을 할 수 있다. 대담하고 창의적으로 큰 가능성을 상상하고, 꿈의 팀을 그려보아야 할 때가 된 것이다. 또한 이제는 팀원들 각각의 개인적인 희망과 꿈, 그리고 계획에 귀를 기울일 때이기도 하다. 개인적인 꿈을 공유함으로써 팀원 각자가 팀을 위해서 더 많은 기여를 할 수 있는 방법이 무엇이며, 팀이 그것을 어떻게 지원할 수 있는지를 알 수 있게 된다. 그러므로 다시 한 번 팀원 각자의 의견을 들어보아야 하며, 이때 모두가 토의에서 의견을 말할 기회를 갖도록 하는 것이 중요하다.

　최상의 비전은 크고 대담하면서도 구체적이고 명확해야 한다. 팀원들 간의, 그리고 다양한 이해관계자들과의 이상적인 관계에 대해서 생각해보라. 정보 공유, 의사결정, 업무 분배, 리더십의 본질 규명, 계획수립, 팀원들 간 자원 분배와 재원 분담이 어떻게 하면 더할 나위 없이 잘 이루어질 수 있는지 생각해보자.

　이러한 상상의 과정에 영감을 불어넣기 위해 팀의 핵심적 긍정 요소를 활용하라. 3단계에서 5단계 사이에서 발견한 가장 긍정적인 특징들로 가득 찬 팀을 상상해보자. 핵심적 긍정요소가 증폭되고 훨씬 더 확대된 모습을 상상해보고, 아직 활용해보지 못한 전략적인 기회들을 찾아보자.

　이상적인 미래에 대해 진지하게 논의하고 어떤 모습일지 구체적으로 그

려본 뒤에는, 이를 표현하는 창의적인 방식을 팀원들과 함께 찾아보라. 시를 쓰거나 노래를 만들어보라. 그림을 그려볼 수도 있다. '우리가 꿈꾸는 팀의 하루'를 주제로 연극을 해보자. 이러한 활동은 유치하거나 불필요한 것처럼 보일 수도 있지만, 우리는 당신이 그 결과에 긍정적인 방향으로 놀라게 될 것이라 확신한다. 모두가 함께 창의적인 활동을 하는 시간을 갖고, 당신이 가장 원하는 미래를 실천해봄으로써 미래에 대한 팀의 열정과 활력에 큰 기여를 하게 될 것이다.

7단계 : 팀의 목적 명확화

미래의 팀에 대한 대담하고 창의적인 이미지를 만들었으니, 다음 단계는 그 이미지를 구체적인 목적으로 표현할 차례이다. 만약 단순하게 기존의 목적 진술문을 개정하기만 한다면, 한 시간만 투자해도 충분하다. 그러나 팀의 목적 진술문을 처음 만드는 것이라면, 적어도 두 시간의 시간이 필요하며 그 이상이 소요될 수도 있다.

좋은 '팀 목적 진술문'은 당신과 당신의 고객, 그리고 내부 관계자들에게 당신의 팀이 존재하는 이유와 당신의 팀이 성취하고자 하는 것은 무엇인지 알려 줄 것이다. 좋은 목적 진술문은 단순하며 명확하다.

다음의 팀 목적 진술문 예시를 살펴보자.

우리 ABC 팀은 최첨단 IT 기술과, 신속하고 친절하며 편리한 서비스로 비즈니스 문제들에 미리 대처함으로써 고객들의 성공을 보장한다.

우리는 모든 이해관계자들에게 완전히 투명하고 이해하기 쉬운 방석으로 보고하며, 국제 비즈니스 사회에서 XYZ의 리더십을 강화하는 신중하고 윤리적이며 수익성 있는 금융 업무를 개발하고 실행함으로써 투자자에게 믿음을 주고 재정을 튼튼히 한다.

팀 전체의 목적을 논의하기 시작할 때는 반드시 목적이 인터뷰를 통해 수집한 자료와 이야기들이 목적과 연관되도록 해야 한다. 이러한 정보들이 시사하는 팀의 존재에서 가장 가치 있고 핵심적인 것은 무엇인가? 고객과 이해관계자들에게 더해주고 싶은 가치는 무엇인가? 팀원들은 혼자서는 할 수 없는, 어떤 것을 함께 성취하고자 하는가?

이 시점에서 목적 진술문 초안을 만드는 것은 좋지만, 최종으로 확정하지는 않아야 한다. 그 대신에 팀의 원칙들을 만들면서 자연스럽게 정리되도록 하자. 최종안으로 확정하기 전에 몇몇의 이해관계자들로부터 의견을 들어볼 수도 있다.

8단계 : 팀의 원칙 만들기

고성과팀은 깨어 있는 팀이다. 고성과팀은 어떻게 팀을 운영하고, 서로를 대하며, 결정을 내리는지에 대하여 생각하고 함께 의견을 나눈다. 또한 고성과팀은 그들이 말한 대로 행동하는 책임을 다하기 위해 스스로를 다잡는다. 팀에 지침이 되는 원칙들을 의논하고 결정하는 데 시간을 들이는 것은 장기적 성과를 얻기 위한 투자이다. 명확한 원칙들은 팀이 높은 성과를 얻게 하며, 팀원들 간의 협력과 신뢰를 증진시킨다.

팀의 원칙들에는 다음 분야들이 포함될 수 있다.

- 의사소통
- 리더십
- 미팅 운영
- 의사결정
- 재미와 행복
- 급여와 금전적 보상
- 채용
- 인정
- 업무 분담
- 멤버십과 소속감
- 외부와의 파트너십

원칙은 적을수록 좋다. 진심으로 팀이 조화롭고, 높은 성과를 낼 수 있도록 이끌고 싶다면 가능한 적은 수의 원칙들을 만들도록 노력하라. 다음의 팀 원칙들을 참고해보라.

- 우리가 즐거워할 때는 일할 때이다. 재미를 느끼지 못할 때에는 다른 업무들을 찾고 그 일을 하겠다고 자원한다.
- 팀에서의 채용, 성과 평가, 급여는 팀이 결정한다.
- 우리 모두는 최고 긍정 위원Chief Appreciation Officer들이다.

인터뷰 도중에 수집한 자료와 이야기들은 팀이 최상의 상태일 때 어떻게 작동되는가에 대한 귀중한 정보의 원천이다. 그 내용들을 다시 살펴보고, 팀의 핵심적 긍정 요소 맵도 다시 검토해 본 다음, 세 가지에서 다섯 가지의 가장 중요한 원칙들을 파악하라. 당신의 꿈을 현실로 만들어 줄 원칙들을 규명하고 그 원칙들이 일상생활에서 지켜질 수 있도록 다듬어라.

9단계 : 팀 내 역할, 관계, 책임 명확화

팀의 업무에 대한 헌신과 열정을 확실하게 끌어낼 수 있는 최고의 방법은 자발적인 에너지와 책임감을 갖도록 하는 것이다. 현재의 역할, 관계, 책임을 명확히 할 때는 팀이 지금까지의 프로세스에서 발굴하고 논의하고 꿈꿔 온 모든 내용을 담아야 한다. 따라서 팀원들은 시간을 갖고 자신들이 배운 점은 무엇이며, 어떻게 팀에 기여할 것인지, 그리고 팀의 성공을 위하여 무엇이 필요한지를 개인적으로 먼저 생각해본 다음 전체가 함께 성찰해 볼 필요가 있다.

팀원 각자에게 더 해야 할 일과 줄여야 할 일의 목록을 만들게 하고, 팀의 성공을 위해서도 같은 방식으로 목록을 만들어달라고 요청하라. 이러한 목록들을 서로 다른 차트에 기록하고 벽에 붙여 두라.

팀으로 함께 걸어 다니며 차트에 기록된 팀원들의 의견을 읽으라. 팀원들이 잘 이해했는지 물어보고, 보다 명확히 해야 할 것에 대해 토의하라. 전체로서의 팀에 이러한 개인적인 약속들이 갖는 의미에 대해서도 논의해 보라. 미래로 나아가는 동안, 팀이 더 많이, 혹은 덜 하고 싶은 것은 무엇이며, 비슷한 수준으로 하고 싶은 것은 무엇인가?

개인적인 약속과 팀 공통의 약속이 모두 포함된 전체 목록을 만들고, 향후에 참고할 수 있도록 목록을 팀원들 전체에게 나누어주라.

　이러한 공통의 결정을 내린 후에, 역할과 책임을 명확히 하기 위해 각 팀원들이 다른 팀원들과 1대1로 대화를 하도록 하는 것이 필요할 수도 있다. 그런 경우, 전체 팀이 다시 모여서 1대1 논의를 하고 논의의 결과를 공유하도록 일정을 잡으라.

10단계 : 다 함께 축하하기

　서문에서 논의한 바와 같이, 고성과팀은 그렇게 성공적이지 않은 팀들과는 다른 방식으로 자신들에 대해 말한다. 고성과팀에서의 긍정적 팀 대화 대 부정적 팀 대화의 비율은 5대1이다.

　팀원들 사이의 긍정적 팀 대화와 활력을 유지하도록 하기 위하여 정기적으로 팀이 축하할 수 있는 시간을 만들어라. 팀 축하는 주간 회의를 시작할 때 5분 정도 지난주에 있었던 최고의 이야기를 하는 것에서, 분기별로 높은 성과를 거둔 내용 이야기하기, 고객들이 높이 평가한 것을 게시판에 올리기, 연말에 가장 높은 성과를 이룬 팀원에게 수상하기 등의 다양한 방식을 활용할 수 있다.

　팀의 발전 프로세스 중 이 시점에서 두 가지 사항을 실행할 수 있다. 하나는 팀의 정기적인 축하에 대하여 토의하고 계획을 세우는 것이다. 어떤 활동을, 언제 할 것이며, 누가 그 일을 담당할지에 대하여 결정하라.

　둘째는 긍정적인 팀 개발 프로세스에서 서로의 기여를 인정하고 최상의 순간들을 공유하는 시간을 가지는 것이다. 팀원들 한 명 한 명의 등을 크게 두드려주고 전체로서의 팀을 칭찬하라. 팀원들에게 긍정적인 피드백을 해 주는 것은 팀 정신을 고취시키고, 긍정적인 피드백을 하는 능력을 개발해 줄 것이다.

AI를 통해서 팀의 높은 성과를 지속시키는 방법

팀의 개발은 자연스럽고 지속적인 과정이다. 틀에 박힌 일상이 지속되는 것보다는 계속해서 변화하는 것이 일반적이다. 고성과팀에게 있어서 변화는 이해관계자들과 협의하고 그들이 중요하게 생각하는 것과 팀에게 바라고 요구하는 바를 발견하게 만드는 기회가 된다. 변화는 팀원들이 가장 가치를 두거나 달성하고자 하는 것에 팀 활동을 집중시키는 기회가 되기도 한다. 또한 변화는 팀원들 간의 관계와 팀의 이해관계자들 사이의 관계를 구축하거나 새롭게 하는 때이다. 고성과팀에게 변화는 학습과 발전을 위한 토대와도 같다.

그 결과로써 고성과팀은 학습과 발전을 지속할 수 있다. 고성과팀은 팀이 최고의 상태일 때 팀에 활력을 주는 것이 무엇인지에 대한 지속적 탐구를 통하여 계속해서 팀의 활력을 유지하고 높은 성과를 얻을 수 있다. 심지어 우리는 "일주일에 하나의 긍정 질문을 하는 것이 팀을 최상의 상태로 유지하도록 돕는다."라고도 말할 수 있다.

Appreciative와 Inquiry, 이 두 단어를 기억하라. 팀원들 각자와 현재 상황에서 최고의 것에 의식적으로 집중함으로써 긍정적 팀이 되라. 칭찬은 고성과를 위한 연료이다. 정기적으로 괴감한 질문을 던지고, 고무적인 대화에 참여하고, 팀 개발 과정에서 비전, 명확성, 올바른 관계와 올바른 행동이 발생할 것이라는 믿음을 통하여 항상 탐구하는 팀이 되도록 하라.

A 팀 빌딩

제 5 장

자신만의 인터뷰 가이드 만들기

다음 면에 실린 인터뷰 가이드는 3장에서 소개된 당신의 팀을 위한 맞춤화된, 자기주도적 AI를 실시하기 위한 양식이다. AI 프로세스에 대해 소개하고 팀원들의 최고의 팀 경험을 조사하는 첫 번째 팀 인터뷰 가이드부터 시작하라. 그 다음에는 당신의 팀의 니즈와 가장 관련된 특정 영역에 대한 주제 질문들을 하라. 각 인터뷰에서 떠오른 가장 뛰어난 아이디어와 테마를 쉽게 파악하기 위해 인터뷰 요약 시트를 활용할 수도 있다.

인터뷰 가이드

인터뷰 진행자 이름: ___________________
인터뷰 대상자 이름: ___________________
날짜: _______________________________

소개 :

팀의 탐구에 귀하의 소중한 시간을 내 주셔서 감사합니다. 인터뷰를 시작하기 전에, 저는 우리가 이 인터뷰에서 얻고자 하는 것은 무엇이며, 어떤 절차로 인터뷰를 진행할 것인지에 대해 설명해 드리고자 합니다.

사람들은 자신들의 팀을 가능한 최고의 팀으로 만들고 싶어합니다. 일반적으로 사람들이 가장 높은 잠재력에 도달하려고 할 때, 그들은 제대로 되지 않는 것을 바로잡기 위하여 문제점들을 파악하고 해결하는 것에 역점을 둡니다. 우리는 이러한 전략을 완전히 바꾸어 우리의 성공 경험을 통하여 배우고자 합니다. 즉, 우리는 우리 팀이 가진 가장 큰 강점들을 파악하고 우리의 핵심적 긍정요소를 체계적으로 확장해 나가고자 합니다. 또한 우리는 이미 팀 내에 존재하는 통찰과 경험을 확인하고, 현재보다 훨씬 더 나은 우리를 만들기 위해 그러한 것들을 적용하고자 합니다.

다음 질문들은 우리의 최상의 경험, 즉 우리 팀이나 다른 팀들에서 나타났던 뛰어난 성공에 집중하는 데 도움을 주기 위하여 만든 것입니다. 긍정적인 시각을 견지하는 것이 항상 쉬운 일은 아닙니다. 대부분의 사람들이 실수를 통하여 배우도록 훈련을 받았기 때문입니다. 하지만 우리는 성공 경험으로부터 훨씬 더 많은 것을 배울 수도 있습니다. 우리가 성취한 것을 기억하는 것은 우리의 자부심과 활력을 높여줍니다. 우리는 더 열린 마음을 갖게 되며, 팀의 가장 효과적인 업무 방식을 구축하기 위하여 최선을 다할 것입니다.

다음의 질문들에 답해보면서, 우리 팀에서 어떤 것이 효과적인지 파악하고 우리의 최고의 모습을 지속적인 현실로 만들 수 있는 방법을 모색하도록 합시다.

- 질문 있으십니까?

시작 :

당신이 현재 소속한 팀에 처음 들어왔을 때에 대해 이야기해 봅시다.

- 이 팀에 처음 소속되었던 당시 가졌던 기대와 꿈, 재미있었던 점들

・ 은 무엇이었습니까?

이제 이 팀에서 당신이 경험했던 최상의 경험이나 가장 즐거웠던 일에
대해 말해 주십시오. 그 때는 당신이 가장 살아있다고 느끼고, 가장 열정
적으로 참여했으며, 당신 자신과 동료 직원들을 자랑스러워하고 당신이 하
고 있는 일에 대해 자부심을 느꼈던 때입니다.

- 그러한 경험을 하도록 했던 상황이나 정황은 어떠했습니까? 모두 말
  씀해 주십시오.(예를 들어, 당신, 다른 사람들, 업무, 리더십, 업무
  프로세스)
- 당신이 지닌 어떤 특성들이 다른 사람들에게서 최고의 것을 이끌어
  냈으며, 그 사람들은 어떻게 당신이 가능한 최고의 모습이 될 수 있
  도록 하였습니까?

최상의 경험이나 그와 유사한 다른 경험들을 돌이켜볼 때, 당신이 당신
자신에게서 가장 가치 있다고 생각하는 점은 무엇이며, 이 팀과 당신이 하
고 있는 업무에 활용하는 독창적인 기술, 재능, 장점은 무엇이라고 생각하
십니까?

- 당신이 이 팀에서 가장 가치를 두는 것은 무엇입니까? 소속 조직,
  이 세상을 위한 팀의 더 큰 미션은 무엇이라고 생각하십니까?

주제 질문 :

당신의 팀이 탐구하기로 한 3~5개의 질문(주제, 도입 질문, 하위 질문)을 하십시오.

종료 :

오늘로부터 1년이 지났습니다. 마법에 걸려 잠든 후에 갑자기, 기적적으로 당신이 당신의 팀에서 바라고 꿈꿔왔던 모든 것들이 실현되었습니다. 이제 당신은 아무런 망설임 없이 이 팀이 당신이 꿈꾸던 바로 그 팀이라고 말할 수 있습니다.

- 그 팀의 목표, 리더십, 관계, 소통, 업무 프로세스에 대해 설명해 주십시오. 일반적으로 그 일이 어떻게 처리되며, 그 과정에서의 느낌은 어떠한지에 대해 말해 주십시오.
- 당신이 하는 일 중에 새롭거나 다르게 하는 일은 무엇입니까? 당신이 꿈꾸던 팀에서 일한다는 건 어떤 느낌입니까?
- 딩신이 헌재 팀에시의 긴전성과 활력을 즉각적으로 높일 수 있는 세 가지 소원을 빌 수 있다면, 어떤 것을 말하겠습니까?
- 이 인터뷰 경험을 되돌아볼 때, 당신, 팀 전체, 당신이 속한 조직에 관해서 배운(혹은 다시 깨닫게 된) 가장 중요한 점은 무엇입니까?

A 팀빌딩

결 론

우리는 여러분들이 이 책의 내용을 실천하기 바란다. 또한 긍정적 질문들의 힘을 통하여 당신의 팀을 변화시키기를 바란다. 이 책을 읽으며 팀은 새로운 시각을 가질 수 있을 것이다. 하지만 새로운 시각의 잠재력은 그것을 활용할 때에만 실현될 수 있다. 긍정적인 질문으로 팀을 개발하는 것은 팀 일상의 모든 측면에 긍정적인 영향을 미칠 수 있다. 긍정적 질문은 팀의 정체성, 역할, 관계, 리더십뿐 아니라, 의사결정과 소통, 공로를 인정하는 과정에서도 긍정적인 영향을 미칠 수 있다.

이 책에 소개된 48개의 질문들은 당신이 다른 팀원들에 대해 알고, 팀의 안녕과 성공에 가장 중요한 요소들에 대해 이야기하고, 팀의 핵심적 긍정요소를 탐구할 기회를 준다. 팀이 그들의 핵심적 긍정요소들에 대해 알고 있을 때, 그 고유한 재능을 개발하고 적용하며 팀이 가진 자원을 최대로 활용하는 일들을 더 잘할 수 있다. 그럼으로써 팀의 강점을 강화하고 약점을 보완하는 것이 더 쉬워진다. 협력적인 탐구, 대화, 긍정적 탐색은 팀의 강점들을 강화한다. 이런 활동들은 사람들의 활력과 에너지를 높이고, 팀의 성공을 촉진한다.

팀이 가진 고유한 요구와 꿈, 발달 단계에 따라 이 책의 내용을 적용하라. 팀은 저마다 독특한 방식에 따라 형성되고 발전하기 때문에, 어떤 질문이 효과적인지는 팀에 따라 달라진다. 가령, 팀 형성 초기에 사람들은 서로를 알아야 할 필요가 있다. 그들은 팀의 목적뿐 아니라 팀에 그들이 소속된 이유를 분명히 하고 그에 합의해야 한다. 팀원 각자가 가지고 있는 강점과 자원들이 어떤 것들인지도 파악해야 한다. 시간이 지나면서 팀이 발전한다 하더라도, 사람들은 역할 규정, 의사소통, 의사결정 과정에 더 많은 관심을 가져야 한다. 사람들이 지닌 고유한 의견, 접근법, 스타일, 아이디어들에 대해 배우고 가치를 부여함으로써 팀원들이 지닌 차이점을 인정하고 이를 최대로 활용해야 한다. 팀이 뛰어난 결과를 달성하기 시작하면서 그에 대한 보상, 인정, 축하를 해주는 것도 팀 정신과 에너지를 높이 유지하기 위해 중요하다. 팀의 발달 단계나 팀이 직면한 도전이 어떤 것이든지, 이 책에는 팀 회의나 의식적이고 정교한 팀 개발 프로세스를 통해 팀이 발전하도록 도울 수 있는 질문들이 실려 있다.

이 책에서는 팀의 개발을 위한 긍정적 접근방법이 소개되어 있으며, 이러한 접근방법은 AI의 원칙과 실천방법들에 기초한다.[미주12] 따라서 우리는 이미 효과가 있는 부분을 발견하고 확장시키는 것으로써 팀을 개발한다는 간단한 전제에서부터 시작한다. 많은 이들에게 이러한 긍정적인 방식은 팀을 바라보는 새로운 방식이다. 우리는 이 방법이 계속해서 고성과를 얻도록 하는 새로운 안목을 제공하게 될 것이라고 말하고 싶다.

이 책에 소개된 긍정적 질문들은 약점에서 강점으로, 문제에서 가능성으로, 비판에서 인정으로, 수치심과 두려움에서 자부심과 열정으로의 분명한 변화를 보여준다. 우리가 함께 일하고 살아가는 방식에서 나타나는 이러한 근본적인 변화에 대한 보상으로 긍정 혁명은 동력을 얻게 된다. 자세한 사항은 이 책의 마지막 부분을 참고하기 바란다. 웹사이트, 워크숍, 퍼실리테이터, 강연자 등에게서 조직변화 및 팀 개발에 대한 긍정적 접근방법들을 찾아볼 수 있을 것이며, 이 모든 것들은 당신이 당신의 조직 내에서 AI를 적용하는 방법을 배울 수 있도록 도와줄 것이다.

우리는 당신이 이 책을 통해서 당신의 팀에서 최고의 것들을 이끌어낼 수 있을 것이라고 믿는다. 우리는 최소한 이 책이 당신과 당신의 동료들이 가장 소중하게 생각하는 부분에 대하여 대화하도록 촉진할 것이며, 팀의 지속적 성공에 핵심적인 역할을 할 것이라고 믿는다. 구조화된 형식을 활용하여 개방적으로 말하고, 모든 사람이 말할 기회를 가지도록 하며, 경청할 시간을 갖는 것은 팀 정체성을 형성하고 응집력을 높이도록 할 것이다. 사람들이 마음속에 있는 이야기를 터놓고 이야기하면 할수록, 그들은 경청하는 팀, 조직, 공동체의 일원이 되고자 노력하게 될 것이다. 팀원들에게 생명력과 활력을 부여하는 것이 무엇인지에 초점을 둔 긍정적인 대화를 계속해서 나누게 되면, 팀원들이 안전하게 의견을 말할 수 있는 분위기가 형성되고 팀에 대한 충성도도 높아질 것이다. 사람들이 자신의 강점에 대해 이야기할 기회가 많아질수록 그들은 자신의 강점을 더 이끌어내려고 하며, 전체를 위해서 그 장점들을 최대한 활용하고자 할 것이다.

최근 우리는 AI에 기초한 팀 빌딩 과정에 참가한 사람들에게 어떤 점들을 경험했는지 말해달라고 부탁했다. 참가자들은 감격해서 다음과 같이 말했다.

- 우리는 정말 많은 일을 해냈습니다. 아무도 비난이나 비판받지도 않았고, 뭔가를 하라고 강요받지도 않았습니다.
- 놀랍도록 재미있었고 매우 생산적이었습니다.
- 앞으로 더 자주 이런 활동을 해야 한다고 봅니다. 일단 문제점에 집중하던 습관을 버리자, 긍정적인 것에 집중하는 일이 너무나 쉬워졌

습니다. 이제 우리는 팀원들이 진정으로 함께 발전하도록 하는 새로
운 습관을 갖게 되었습니다.

자기주도적 팀 개발을 위하여 이 책에 담긴 정보와 자료들을 활용한다
면 당신과 당신의 팀원들도 이와 유사한 경험을 하게 될 것이다. 우리는
이 책을 통해 당신이 당신의 팀에서 최고의 것들을 끌어내는 능력을 지속
적으로 향상시키고, 사람들이 미래에 대한 긍정적 가능성들을 품도록 하리
라 믿는다. 우리는 당신이 이 책의 질문들을 활용하면 할수록 그 질문들은
더욱더 당신 자신의 질문이 될 것이며, 이후에는 모든 것을 긍정적인 질문
으로 접근할 수 있으리라 생각한다. 그 때가 되면 당신과 당신의 동료들은
일과 인생 모두를 훨씬 더 풍부하게 즐길 수 있을 것이다. 당신은 다른 사
람들과 더 좋은 관계를 맺고, 더 높은 성과를 얻을 수 있을 것이다. 사람
과 관계, 팀은 긍정의 눈을 통해서 볼 때 번영을 이룰 수 있다.

| 주 |

미주 1 : Whitney, D. and Trosten-Bloom, *A. The Power of Appreciative Inquiry*. San Francisco: Berrett-Koehler, 2003.

미주 2 : Bion, W. R. *Experiences In Groups*. New York: Ballantine Books, 1961.

미주 3 : Smith, K. and Berg, D. *Paradoxes of Gorup Life*. San Francisco: Jossey-Bass, 1987.

미주 4 : Losade, M. and Heaphy, E. "The Rold of Positivity and Connectivity in Performance of Business Teams: A Nonlinear Dynamic Model," in *American Behavioral Scientist*, Vol. 47, No. 6, 2004, pp. 740-765.

미주 5 : Fredrickson, B. L. "What Good Are Positive Emotions?" in *Review of General Psychology*, Vol. 2, No. 3, 1998, pp. 300-319.

미주 6 : R. Rubin, I. and Plovnick, M., 1981, "Dynamics of Groups that Execute or Manage Policy," in Payne, F. & Cooper, C. (Eds.), *Groups at Work*. New York: John Wiley & Sons, 1981.

미주 7 : Katzenbach, J. R. and Smith, D. K. *The Wisdom of Teams*. New York: Harer Collins, 1993.

미주 8: Bushe, G. R. "Meaning Marking in Teams: Appreciative Inquiry with Preidentity and Postidentity Teams," in Fry, R., Barrett, F, Seiling, J. & Whitney D. (Eds.) *Appreciative Inquiry and Organizational Transformation: Reports from the Field*, Westport: Quorum, 2002.

미주 9 : Bushe, G. R. and Coetzer, G. "Appreciative Inqiury as a Team Development Intervention," in *Journal of Applied Behavioral Science*, Vol. 30, No. 1, 1995, pp. 19-30.

미주10: For additional tips on conducting appreciative interviews,
        see Whiteny, D. and Trosten-Bloom, A., *The Power of
        Appreciative Inquiry,* pp. 162-164.
미주11: Ibid., p. 168.
미주12: Ibid. ,pp. 1-4.

다이아나 휘트니 박사Diana Whitney, Ph.D.

CPCCorporation for Positive Change의 대표이며, 타오스 연구소Taos Institute 의 설립자이자, 세이브룩 대학 및 연구센터Saybrook University and Research Center의 특별자문위원이다. AI, 긍정변화 및 일에서의 영성 분야에서 세계적으로 인정받는 컨설턴트, 기조연설자, 사고의 리더로서, 그녀는 안티옥 대학 Antioch University, 케이스 웨스턴 리저브 대학Case Western Reserve University, 애슈리즈 경영 연구소Ashridge Management Institute(영국) 및 에셔 연구소 Eisher Institute(인도)에서 강연을 했다. 다이아나는 변화에 대한 긍정 접근을 주제로 다수의 책과 논문을 집필하거나 편집하여 상을 수상하기도 하였다. 대규모 변화를 다루는 분야의 독보적 컨설턴트로, 그녀의 고객에는 Ameriquest Mortgage Company, British Airways, First Caribbean International Bank, Hunter Douglas Window Fashions, GTE-Verizon, Johnson & Johnson, NY Power Authority, Sandia National Labs, the United Religions Initiaitve, Waggerner Edstrom이 있다. 다이아나는 교수이자 컨설턴트이면서, 영적 상담가, 예술가, 치료사이다. 그녀는 북미 타오스에서 살며, diana@positivechange.org나 www. positivechange.org로 연락할 수 있다.

아만다 트로스텐-블룸Amanda Trosten-Bloom

CPC사의 Managing director이다. AI 분야에서 전국적으로 호평을 받고 있는 컨설턴트, 교육자, 저자인 아만다는 문화 변혁과 전략적 설계, 합병과 인수, 리더십 개발과 비즈니스 프로세스 개선에서의 전문가이다. 그녀는 제조, 서비스, 첨단기술, 교육, 건강관리, 재무 및 과학을 포함한 다양한 영역에서 컨설턴트와 관리자로 약 25년간 일해왔다. 그녀의 고객에는 Accenture Consulting, Ameriquest Mortgage Company, Front Range Community College, Hunter Douglas North America, McDATA Corporation, the National Security Administration, Regis University, United Religions

Initiative가 있다. 아만다는 콜로라도주 덴버 근처에서 살며 amanda@positivechange.org나 www.positivechage.org로 연락할 수 있다.

제이 체르니 박사Jay K. Cherney, Ph.D.

컨설턴트, 중재인, 연설자, 수행자이다. 그는 팀과 조직들에서 협력적인 관계를 촉진해 온 풍부한 임상 경험을 가지고 있으며, 고객이 좀 더 유용한 대화를 할 수 있도록 돕는다. "회복 탄력적 사고"에 대한 그의 기조연설은 우리가 복잡한 의미와 이야기들을 다룰 때 우리가 가장 큰 잠재력에 도달하도록 하는 제안을 담고 있다. AI 컨설팅의 공동 소유자인 제이는 Johnson & Johnson companies를 비롯한 건강관리 및 제약회사들과 함께 일해 왔다. 또한 그는 US Postal Service의 중재인이기도 하다. 제이는 펜실베니아의 필라델피아 근처에서 살며, jcherney@aiconsulting.org, jcherney@netreach.net 혹은 www.appreciativeteambuilding.com으로 연락할 수 있다.

로날드 프라이 박사Ronald Fry, Ph.D.

케이스 웨스턴 리저브 대학에 있는 웨더헤드 경영대학Weatherhead School of Management의 조직행동 부교수이며 임원 MBA 프로그램의 학부장이다. AI 철학과 실천방법의 공동 창시자로, 론은 30여 개국 이상에서 A 리더십 Appreciative Leadership과 조직 역량 구축 프로그램Organization Capacity Building Program을 실시해왔다. 최근 그는 AI의 첫 번째 사례집인 AI와 조직 변혁: 현장보고서Appreciative Inquiry and Organizational Transformation: Reports from the field를 공동 편집했다. 그의 고객은 Roadway Epress, World Vision Relief, US Navy 등이다. 론은 오하이오주의 클리블랜드에 살며, rxf5@po.cwru.edu나 www.wetherhead.cwru.edu로 연락할 수 있다.

The Power of Appreciative Inquiry: A Practical Guide to Positive Change, Berrett Koehler Publishers, 2002
The Encyclopedia of Positive Questions: Using Appreciative Inquiry to Bring Out the Best of Your Organization, Lakeshore Communications, 2002
Appreciative Inquiry and Organizational Transformation: Reports from the Field, Quorum Books, 2002
The Appreciative Inquiry Handbook, Lakeshore Communications, 2003
The Appreciative Inquiry Summit: A Practitioner's Guide for Leading Large Group Change, Berrett Koehler Publishers, 2003
Positive Approaches to Peacebuilding, PACT Publications, 2003

팀 개발 컨설팅 및 워크숍

CPC (Corporation for Positive Change) www.positivechage.org
비즈니스, 교육, 종교, 정부 및 비영리 조직에서의 AI와 긍정변화 활동에 집중하는 국제적 컨설팅 기업

Taos Institute www.taosinstitute.net
조직, 가족, 공동체에서의 사회 구성주의 이론과 실천의 개선에 집중하는 국제적 커뮤니티

Appreciative Inquiry Consulting www.aiconsulting.org
학습을 위해 협력하며, AI 컨퍼런스를 개최하고, AI 교육과 컨설팅을 실시하는 AI 프랙티셔너들의 국제적 네트워크

AI 관련 웹사이트

Appreciative Inquiry Commons www.appreciativeinquiry.cwru.edu
AI 관련 정보, 샘플, 사례 연구들을 찾아 볼 수 있는 오픈 소스 웹사이트

AI Practitioner www.aipractitioner.com
AI 실천사례에 관한 월간 전자 뉴스레터 및 기사

AI Listserv ailist@lists.business.urah.edu
전세계 AI 프랙티셔너들 간의 지속적 대화

한국의 AI 컨실팅

KCPC (Korea Center for Positive Change) www.positivechange.or.kr
Diana Whitney가 운영하는 세계적 AI 전문기관인 CPC의 한국 컨설팅 파트너 기관으로 AI 워크숍과 긍정기반의 조직변화 컨설팅을 제공하는 국내 AI 전문기관

KAAI (Korea Association for Appreciative Inquiry) www.appreciativeinquiry.or.kr
학습을 위해 협력하며, AI 컨퍼런스를 개최하고, AI 교육과 컨설팅을 실시하는 AI 프랙티셔너들의 한국 네트워크

ORP연구소 산하의 한국긍정변화센터(KCPC)에서는 CPC(Corporation for Positive Change)의 AI 교육 프로그램을 국내에 전파, 공유하고 AI 관련 도서를 번역 출간하며, AI의 접근을 활용한 새로운 리더십 및 조직개발 프로그램들을 개발하여 운영하고 있다.

AI 공개교육과정

● **조직변화**
 - AI 프랙티셔너 육성과정
 - AI Summit
 - 긍정전략기획 워크숍 (Appreciative Strategic Planning)

● **팀 변화**
 - 긍정 팀 빌딩 과정 (Appreciative Teambuilding)
 - 강점기반 워크숍 퍼실리테이터 과정 (Strength Based Workshop)

● **리더십 개발**
 - 긍정리더십 과정 (Appreciative Leadership)
 - ALDP (Appreciative Leadership Development Program)
 - 강점개발과정 (Cultivating Positive Character Strength)
 - 긍정코칭과정 (Appreciative Coaching)

AI 관련 도서 출판

● 긍정조직혁명의 파워 (The Power of Appreciative Inquiry)
 휘트니, 트로스텐-브룸 저

● A 리더십 (Appreciative leadership)
 휘트니, 트로스텐-브룸, 레이더 저

● A 팀 빌딩(Appreciative Team Building)
 휘트니, 트로스텐-브룸, 체르니, 프라이 저

● 행복한 가족을 위한 대화 (Positive Family Dynamics)
 도일, 실버트, 만, 휘트니 저

● AI Summit (The Appreciative Inquiry Summit)
 제임스 D. 루데마, 다이아나 휘트니, 버나드 J. 모어, 토마스 J. 그리핀

● A 코칭 (Appreciative Coaching: A Positive Process for Change)
 오렘, 빙컬트, 클랜시 저

이영석

ORP연구소의 대표이며 미국 CPC(Corporation for Positive Change)의 컨설팅파트너, CPC의 Certified Appreciative Inquiry Practitioner, Appreciative Leadership Development Program의 공식 Trainer, ICA(Institute of Cultural Affairs)의 CTF(Certified ToP-Technology of Participation-Facilitator)로 활동하고 있다. 한국긍정변화센터(KCPC)를 설립하여 AI를 통한 긍정변화 전파에 노력을 기울이고 있으며, 한국 ToP 퍼실리테이션센터(KTCF)를 설립하여 참여기반의 퍼실리테이션을 통한 조직과 사회변화 활동을 수행하고 있다. 한국에아이협회 부회장, 한국퍼실리테이터협회부회장으로 활동하고 있으며 성균관대학교에서 산업조직심리학박사학위를 취득하였고, 성균관대 겸임교수를 하고 있다. LG전선(현 LS전선) HR팀, 한국능률협회(KMA)의 컨설팅부문장을 역임하였으며 조직개발전문가로 활동하고 있다. 저서로 "조직신뢰", "DC기반 학습"이 있으며 공역으로 "퍼실리테이션 쉽게 하기", "핵심역량과 학습조직", "컨센서스 워크숍 퍼실리테이션", "긍정조직혁명의 파워", "A 팀 빌딩", "AI Summit", "A Coaching", "A리더십" 등이 있다.

유희재

단국대학교에서 고분자공학석사를 취득하였으며, 싱가포르도시개발국(URA), 이란석유화학공사한국사무소대표를 거쳐 현재 ORP연구소의 이사로 재직 중이다. AI프랙티셔너로서 한국긍정변화센터를 운영하며 한국에이아이협회 글로벌협력담당이사로 활동 중이고 AI전파에 노력하고 있다. ToP프랙티셔너로서 현재 한국ToP퍼실리테이션센터를 운영하며 참여기반의 퍼실리테이션을 전파하고 있는 조직개발전문가이다.

A 팀 빌딩: 최고의 팀을 만들기 위한 긍정 질문

초판 1쇄 발행 2014년 5월 30일

지은이 다이아나 휘트니, 아만다 트로스텐-블룸, 제이 체르니, 로날드 프라이
옮긴이 이영석, 유희재
펴낸곳 ORP Press
펴낸이 이영석
출판등록 2003년 4월 3일 제321-319000025100200300015호

마케팅 영업 김지애
편집 디자인 김영대
표지 디자인 이현주
인 쇄 동아사 02-815-0876

주소 서울특별시 서초구 서초대로 124(방배동) 선빌딩 3층
전화 02-3473-2206
팩스 02-3473-2209
홈페이지 www.orp.co.kr   www.positivechange.or.kr
이메일 kcpc@orp.co.kr

ISBN 978-89-965141-6-9

값 12,000원